本书由北京信息科技大学 2016 年人才培养质量提高经费项目
（项目号：5111623509）资助

劳动经济学案例 与习题集

杨翠芬 倪渊◎编著

经济管理出版社

ECONOMY & MANAGEMENT PUBLISHING HOUSE

图书在版编目（CIP）数据

劳动经济学案例与习题集/杨翠芬，倪渊编著. —北京：经济管理出版社，2016.7
ISBN 978-7-5096-4557-4

Ⅰ.①劳…　Ⅱ.①杨…　②倪…　Ⅲ.①劳动经济学—习题集　Ⅳ.①F240-44

中国版本图书馆 CIP 数据核字（2016）第 204100 号

组稿编辑：杨　雪
责任编辑：杨　雪
责任印制：黄章平
责任校对：超　凡

出版发行：经济管理出版社
　　　　　（北京市海淀区北蜂窝 8 号中雅大厦 A 座 11 层　100038）
网　　　址：www. E-mp. com. cn
电　　　话：(010) 51915602
印　　　刷：北京九州迅驰传媒文化有限公司
经　　　销：新华书店
开　　　本：720mm×1000mm/16
印　　　张：11.5
字　　　数：181 千字
版　　　次：2016 年 9 月第 1 版　　2016 年 9 月第 1 次印刷
书　　　号：ISBN 978-7-5096-4557-4
定　　　价：39.00 元

前　言

　　劳动经济学是研究劳动力市场及其运作的一门学科，是人力资源管理、社会保障、劳动经济与劳动关系等专业的基础课程和专业课程。这门课程的理论性和实践性都很强：只有打下坚实的理论基础，才能准确分析劳动力市场形势及政策效应，才能有效指导人力资源管理工作，《劳动经济学案例与习题集》的编写也是紧紧围绕这一目标而展开的。

　　目前，劳动经济学案例方面的书籍相对较少，可直接用于课堂和帮助学生课后学习以便理解中国劳动力市场及其运行的案例书籍更少。近年来，中国的劳动力市场发生了较大变化，同时劳动力市场相关法律、法规的颁布对人力资源工作产生了影响。本书力求将中国劳动力市场的最新变化呈现给学生，同时通过对这些最新研究成果的分析来提升学生分析实践问题的能力。

　　《劳动经济学案例与习题集》共分九章：绪论、劳动力需求、劳动力供给、人力资本理论、劳动力流动、工资、劳动力市场歧视、收入分配、就业。每章都包含三部分：案例、习题、习题参考答案。其中每章有2~3个案例，这些案例主要侧重分析近几年中国劳动力市场的变化、相关政策及其影响等，旨在帮助学生提升分析劳动力市场问题的能力。这些最新的案例将大幅提升案例的时效性和实践性。每个案例之后还有教学目标、案例讨论、理论运用、分析思路。通过案例分析，学生不仅能提升分析问题的能力，而且能拓宽视野，正确认识中国劳动力市场，从而有效指导其实践活动。同时，为夯实学生的理论基础，每章还附有习题，既包括基础题（名词解释、单选、多选、判断、简答等），又包括综合运用题（作图分析、计算分析等），前者的主要目的是巩固各章的知识点、重点和难点，后者主要是突出对各章节知识点的综合运用。此外，每章习题都附有参考答案，方便学生课后自学、复习使用。

本书的编写是编者在平时教学过程中所积累的材料的基础上进一步丰富完善的，其体系结构由杨翠芬策划，第二章、第三章、第五章、第六章、第八章由杨翠芬编写，第一章、第四章、第七章、第九章由倪渊编写。本书在编写过程中，系部各位同事提出了宝贵建议，在此表示感谢；同时，本书参考了国内外许多优秀的教学参考文献，在此对相关作者表示感谢！

本书不仅适合高等院校的人力资源管理、社会保障、劳动经济与劳动关系等专业学生学习该门课程时使用，也适合各类成人教育培训和自考学生使用。编写本书的目的是供教师及学生在学习本课程时参考使用，若有不当之处，请读者不吝指正，以便我们不断修改和完善。

编　者

2016 年 5 月

目 录

第一章 绪 论

【案例 1-1】 空气污染对劳动力供给的影响[①]

近年来，中国一直遭受着严重的大气污染，大部分地区遇到不同程度的雾霾天气。国内外环境领域有关专家在 2013 年发布的《迈向环境可持续的未来》这一报告中指出，"在中国最大的 500 个城市中，只有不到 1% 的城市达到了世界卫生组织推荐的空气质量标准，而世界上污染最严重的 10 个城市之中，有 7 个在中国。"这种现象出现的原因主要包括当前的能源需求日益增长、机动车的数量迅速增长和工业的急速发展。这种高污染带来的后果之一是劳动者的健康受到了严重影响。根据世界银行 2007 年的研究，中国由于空气及水污染造成的健康损失达到了 GDP 的 4.3%，如果加上非健康因素，总损失将达到 5.8%。众所周知，环境污染会影响劳动者的健康水平，从而对劳动力的供给产生冲击。

目前已有大量医学文献支持空气污染对不同人群（包括不同地区的成

---

① 李佳. 空气污染对劳动力供给的影响研究——来自中国的经验证据 [J]. 中国经济问题，2014（5）：67-77.

人或儿童）存在一定的生理影响，包括呼吸系统症状增加、肺功能降低、医院门急诊入院率增加、长期或短期死亡率上升等。但是有关空气污染对劳动供给影响的定量研究文章却相对较少。Bart（1983）首先提出此概念，并运用 OLS 模型对 1976 年的美国健康调查数据进行了实证，发现当空气中总颗粒悬浮物增加 10% 时，劳动者的误工天数将增加 4.4%。随后，Hausman 等（1984）使用相同的数据在 Bart 模型的基础上进行修改，控制了不同城市的个体效应，发现空气中颗粒悬浮物增加 1 个标准差时，会导致劳动者的误工天数显著增加 10%。Hanna 和 Oliva（2011）通过墨西哥一个大型炼油厂的关闭采用类似自然实验的方法研究二氧化硫的变化对劳动力供给的影响，其研究表明，二氧化硫排放上升 1% 将导致劳动者的劳动时间减少 0.61%。Carson 等（2011）根据 2000 年孟加拉国国家统计局对 4259 户家庭的调查发现，在砷暴露严重的农村地区，其劳动力供给水平比非暴露地区低 7.9%。Zivin 和 Neidell（2012）利用 Orange Enterprise 公司提供的 PET（the Payroll Employee Tracking）数据研究臭氧水平对劳动力供给的影响，发现 10 ppb 单位的臭氧的上升会带来劳动者 17 分钟工作时间的减少，但是这一影响是不显著的，否定了空气污染对劳动力供给存在显著影响的结论。

由此可见，关于空气污染对劳动力供给的影响不仅存在争议，而且在不同的国家之间，其影响的程度和规模也是存在差异的，那么环境污染对中国劳动力市场的影响又是怎样的呢？学者李佳（2014）采用中国 1998~2010 年 31 个省份的数据进行实证。局部均衡模型表明，空气质量对劳动力供给的效应分为"替代效应"和"收入效应"：一方面，由于污染影响劳动者及其家属的健康，造成劳动者效用的减少，从而增加劳动者的劳动时间，形成空气质量对劳动力供给的"替代效应"；另一方面，空气质量的改善会提高劳动者的劳动生产率，从而增加边际报酬，使劳动者在保持收入不变的前提下减少劳动力供给，形成"收入效应"。但是，模型推导的结果是大部分条件下空气质量对劳动力供给的"替代效应"占主导。

根据实证研究，以二氧化硫为代表的空气污染排放物对劳动力供给的影响确实是显著为负的，印证了空气质量对劳动力供给的"替代效应"。同时根据分地区回归的结果，经济发展规模与污染排放物对劳动力供给的影响呈现"门槛效应"：在经济欠发达地区，"收入效应"占主导，即污染排放对劳动力供给有一定的促进作用；经济发展一般地区，地缘性因素占主导，因此污染排放对劳动力供给作用不显著；在经济发达地区，"替代效应"明显占主导，较高的污染排放对劳动力供给有显著的负向影响。这些已经从毕业生的就业选择上得到证明。

【教学目标】

通过对案例学习使学生感性认识劳动经济学研究的内容，让学生认识到与劳动经济学有关的问题无处不在。

【案例讨论】

综合以上材料分析，空气污染与劳动力供给是否呈正相关？如果是，未来可以在哪些方面进行改进？

【理论运用】

劳动力供给

劳动力供给的影响因素

【分析思路】

根据实证研究的结果，经济发达地区尤其要注意节能减排，因为当地的环境污染已经造成劳动力减少。而对于经济欠发达地区，虽然目前空气污染与劳动力供给呈现正相关关系，但如果不加以限制，任其发展，该地区将来必然也会遭受劳动力的困扰。根据空气污染对劳动者健康的影响，希望政府可以进一步改善制度环境，比如：建立国家环境与健康综合检测体系，建立大气污染对人体健康预警机制等。

【案例1-2】看国外如何应对人口老龄化①

● 老龄化成为全球化问题

人口老龄化是必然的人口发展趋势。根据联合国数据，从2011年到2050年，老龄人口将从6亿增加到近20亿，60岁以上的人口数将超过15岁以下的青少年人口数。其中，发展中国家2050年的老龄人口预计将是2011年的四倍。早在1999年，我国就提前进入老龄化社会，目前是世界上老年人口最多的国家，占全球老年人口总量的1/5。2015年以后，我国将进入人口老龄化迅速发展时期。预测显示，在2015~2035年的20年时间里，中国老年人口比例将会增加一倍，占比达到20%；此后一段时间，老年人口将占中国人口的1/5到1/4。2020年，我国60岁及以上老年人口比重将超过17%，老龄人口总量达到2.48亿，其中80岁以上高龄老人将超过3000万。2051~2100年，老年人口比重将维持在30%以上，总量达到3亿~4亿。事实上，老年人口规模的估计和年龄标准有关，国际上一般用65岁来定义，一些发达国家提出推迟退休的制度安排，这都会影响老年人口的规模估计和他们实际作用的发挥。据统计，2011年以后的30年里，中国人口老龄化将呈现加速发展态势，60岁及以上人口占比将年均增长16.55%，2040年60岁及以上人口占比将达28%左右。

● 各国应对老龄化的政策措施

为了应对人口老龄化这一普遍性的社会问题，发达国家将其纳入制度化管理范畴，先期进入人口老龄化的发达国家在应对人口老龄化的挑战中普遍通过立法来保障老有所养。日本养老保险的萌芽可追溯到明治时期的《海军退休金令》。此后，日本政府先后制定并颁布了多部针对老年人福利的专门法律、法规，建立了较为完善的保护老年人权益的法律法规体系。

① 程承坪，罗栋. 国外应对人口老龄化的政策 [J]. 国外社会科学，2013 (2)：56-62.

如 1923 年的《退休金法》、1941 年的《工人养老保险法》、50 年代的《国民健康保险法》、1963 年的《老年福利法》、1982 年的《老年保健法》，以及 2001 年的《高龄者虐待防治法》等。美国设立了管理老龄问题的机构，如老人问题管理署、政府老龄问题顾问委员会和社会保障总署等，并通过了一系列以养老保险为主体的社会保障法案，如《老年人正义方案》、《老年人社区服务就业法》以及《老年人营养方案》等。

人口老龄化导致人口结构和劳动适龄人口占比的变化，各国都出台了相应的人口政策来应对这种变化，包括延长退休年龄、鼓励生育、吸收移民三大政策。

（1）延长退休年龄。老年人口比例的上升会导致两个直接结果：一是劳动力人口比例下降，劳动力资源供给紧张，劳动者年龄上升；二是赡养老人的经济成本上升，公共养老金支出加大，政府财政负担加重。很多国家将退休金与工作年限挂钩，提高退休年龄，不仅可以缓解劳动力供给不足的困境，同时也在一定程度上缓解了养老金支出大幅提高、财政支出负担过重的问题。因此，在全球范围内，提高退休年龄成为应对人口老龄化趋势的首选手段。日本规定：60~65 岁老年人的就业问题，主要依靠企业协助解决，采取延长退休年龄和继续雇用制度；65 岁及以上老年人的就业问题，则由地方政府通过老年人人才中心和福利服务形式安排解决。据调查，日本老年人的劳动力参与率非常高，2009 年 55~64 岁的男性劳动力参与率为 84.6%，65 岁及以上男性劳动力参与率也已超过 30%。据统计，在经济合作与发展组织（OECD）的 34 个成员国中，至今没有提高退休年龄的国家只有芬兰、冰岛、墨西哥、荷兰、西班牙和英国。这些国家之所以没有改革，是因为其退休年龄在半个世纪前就已经很高了。譬如，冰岛的法定退休年龄从 1958 年以来始终是 67 岁，其他五国从 20 世纪 40 年代至今均为 65 岁。截至 2010 年底，欧洲发达国家的退休年龄大都在 61 岁以上，英国、德国、西班牙、瑞典等国家的退休年龄是 65 岁，冰岛和挪威则实行 67 岁退休制。

（2）鼓励生育。长期较低的生育水平导致新生人口规模缩小，低龄人口在总人口中的比重降低，相应地加大了老年人的规模及其在总人口中的比重，从而进一步加重人口老龄化的程度，造成未来社会中老年抚养比过大，不利于社会的可持续发展。发达国家为了应对这一挑战，纷纷采取鼓励刺激生育的政策来增加人口规模，调整人口年龄结构，缓解人口老龄化趋势。譬如，日本实施育儿休业制度。该制度的内容是：不论男女，养育不到一岁的婴儿的正式从业人员可以提出休假，企业不得拒绝，也不能解雇。日本政府将 2003 年定为少子化对策元年，当年 7 月制定了少子化社会对策基本法。2004 年 4 月 1 日对儿童补贴法进行了修改，扩大了补贴范围，提高了补贴额，延长了补贴年限。而在整个欧洲，低生育率已引起人们的高度警觉，2010 年德国的总和生育率为 1.36%，瑞典为 1.94%，英国为 1.96%，法国为 2.00%，爱尔兰为 2.07%。对此，许多国家采取了奖励措施，鼓励多生孩子。例如：德国政府规定，每个家庭的每个孩子都能享受数目不等的政府补贴；法国的带薪产假长达 4 个月；在芬兰，所有母亲都享有 105 天带薪产假，以及之后重返原工作岗位或同一职级相近岗位的权利。待产母亲可选择享受现金福利或婴儿用品包。父亲可享受 18 天产假，这一假期与 12 天的父亲假加在一起，被芬兰人称为"父亲月"。

（3）吸收移民。移民对移民输入国的经济影响是矛盾的、多方面的。但不可否认的是，吸收移民对于输入国的人口结构调整、缓解人口老龄化加剧趋势是具有积极作用的。如果没有移民，欧洲总人口早已开始减少。德国联邦统计局数据显示，2008 年德国具有移民背景的人口高达 1560 万，占德国总人口的 19%。德国 5 岁以下儿童中，近 1/3 的人有移民背景。

● 中国老龄化问题面临的诸多挑战

第一，经济发展水平滞后于老龄化发展水平。发达国家进入老龄化社会时，人均国内生产总值一般都在 5000~10000 美元以上；而我国开始人口老龄化时，人均国内生产总值刚超过 1000 美元，应对人口老龄化的经济实力还比较薄弱。我国人口迅速老龄化，已成为制约经济、社会发展的一枚"定时炸弹"。专家普遍认为，全球人口最多的国家正面临世界各国从未遇过的一场人口危机。据统计，我国的老龄化问题将比 20 世纪的欧洲严重，我国将在经济尚不发达的情况下应对与人均国民生产总值高出自己数倍的国家类似的问题。第二，迎接老龄化社会的各项条件不完备。我国人口老龄化的人力、物力、财力、认识和制度等准备不足，养老保障制度缺位严重，养老服务体系发展滞后，养老服务市场供给缺口巨大。据了解，我国大约有 3.8 万家养老院提供 120 万张床位，这意味着每 1000 个老年人只有 8.6 张床位，远远低于西方国家每 1000 个老年人平均 50~70 张床位的标准。第三，老年人缺少家庭成员的陪伴。目前，我国城市空巢老人比例达到 49.7%，农村达到 38.3%。0~30 岁的独生子女人口达到 1.58 亿，占同龄人口的 29.3%。孤独终老成为我国人口老龄化的重要特征，老龄化与少子化、空巢化、残疾化和无偶化结合在一起，最后导致了一些老年人的老无所依。

【教学目标】

通过对案例学习使学生感性认识劳动经济学研究的内容，激发学生深入学习劳动经济学的兴趣和动力。

【案例讨论】

1. 列举一些我国应对老龄化问题的相关策略和做法。

2. 国外发达国家应对老龄化的政策对我国有何启示？能否试着提出一些政策建议来应对我国人口老龄化问题？

【理论运用】

劳动力供给的影响因素

人口结构变化对劳动力供给的影响

【分析思路】

人口老龄化不仅关乎人口的长期均衡发展，而且关乎经济社会和资源环境的可持续发展；不仅关乎社会利益结构的调整，而且关乎国计民生和国家的长治久安。借鉴国外应对人口老龄化的政策措施，对我国应对日益严峻的人口老龄化问题、制定科学的相关政策措施具有重要的现实意义。①国外的经验表明，从法律层面加以规范才能有序、健康地应对人口老龄化问题。目前我国还缺乏成体系的法律制度来规范这一社会现象，今后需要加强这方面的建设。②我国未富先老，在完全依靠社会养老并不现实的历史条件下，强调成年子女对年迈父母的责任是十分必要的。③目前我国面临的首要问题是养老金缺口非常大，因此，借鉴国外的做法进行社会保险制度的改革，探索适合中国国情的、形式多样的养老保险制度显得尤为必要。

【习题】

（一）名词解释

劳动　劳动力　劳动力市场　人口经济学　劳动经济学　实证分析方法　规范分析方法

（二）单项选择题

1. 劳动经济学的研究方法包括（　　）和规范研究法。

A. 定性研究法　　　　　　　　B. 文献阅读法

C. 实证研究法　　　　　　　　D. 问卷调查法

2. 劳动经济学是经济学的重要分支，是一门研究（　　）的学问。

A. 劳动生产率　　　　　　　　B. 劳动的人

C. 劳动资料　　　　　　　　　D. 劳动要素

3. 劳动力是指（　　）。

A. 人的劳动能力　　　　　　　B. 具有劳动能力的人

C. 简单的生理劳动　　　　　　D. 劳动

4. 劳动经济学研究的核心对象是（　　）。

A. 工资与社会保障　　　　　　B. 企业内部人力资源管理

C. 政府对劳动力市场的宏观调控　D. 劳动力资源的开发与优化配置

5.（　　）标志着劳动经济学作为一门学科，进入独立发展阶段。

A. 索罗门·布拉姆的《劳动经济学》著作出版

B. 20 世纪 30 年代的"凯恩斯革命"

C. 20 世纪 40 年代，芝加哥学派进行的"劳动经济学革命"

D. 我国朱九通教授所著的《劳动经济学概论》出版

6. 劳动经济学的研究起点是（　　）。

A. 劳动力市场理论　　　　　　B. 工资理论

C. 人的劳动和人力资源　　　　D. 个人职业生涯与职业选择

7. 实证研究方法是（　　）。

A. 研究"是什么"问题　　　　B. 无价值判断

C. 研究"应该是什么"问题　　D. 有价值判断

8. 一般来说，人口总量增多，则劳动力资源（　　）。

A. 增加　　　　B. 减少　　　　C. 不变　　　　D. 不确定

（三）多项选择题

1. 对劳动经济理论论述最集中的是（　　）。

A. 劳动经济学　　　　　　　　B. 劳动经济学说史

C. 人力资源经济学　　　　　　D. 马克思主义政治经济学

E. 西方经济学

2. 规范研究方法是（　　）。

A. 研究"是什么"问题　　　　B. 无价值判断

C. 研究"应该是什么"问题　　D. 有价值判断

E. 以上都不对

（四）判断题

1. 规范研究和分析只是告诉我们研究对象客观的运行状态，它并没有说明这种状态是对还是错。（ ）

2. 人力资源在社会中总是创造财富的。（ ）

3. 劳动力资源仅包括劳动力的数量这一方面。（ ）

4. 劳动经济学研究的起点是工资理论。（ ）

5. 劳动资源的稀缺性是相对的。（ ）

（五）简答题

1. 谈谈你对劳动经济学的研究对象的理解。

2. 说明运用规范经济学或实证经济学研究现实劳动经济学的特点。

【习题参考答案】

（一）名词解释

劳动： 根据劳动经济学对"劳动"概念的实际运用情况来分析，在有些情况下，劳动是就劳动的主体而言的，即它指的是劳动力。在另外一些情况下，它可能指的是劳动过程或一种有目的的工作或活动。

劳动力： 是人的劳动能力，即人在劳动过程中所运用的体力和智力的总和。在现代劳动经济学体系中，劳动力又特指在一定年龄范围内，具有劳动能力和劳动要求，愿意参加付酬性的市场性劳动的全部人口。没有就业意愿或就业要求的人口不属于劳动力范畴。

劳动力市场： 并非我们常规理解的产品买卖的场所，而是一种劳动力"租借"使用的市场。

人口经济学： 人口经济学研究的是人口的生产与再生产的经济问题。人口经济学是研究社会发展过程中人口与经济的相互关系，及其变化规律的学科。人口运动和经济运动的对立统一运动，构成了人口经济运动及相应的人口经济关系，人口经济学的任务就是揭示人口经济关系运动的规律性。人口经济学作为一门新兴的边缘学科，主要是考察人口变动对经济增长或经济发展的影响。一般来说，人口经济学属于应用经济学的范畴。

劳动经济学：对劳动力资源配置的市场经济活动过程中的劳动力需求和供给的行为，及其影响因素的分析和研究。

实证分析方法：实证分析要解决"是什么"的问题，即确认事实本身，研究经济现象及某一选择的客观规律与内在逻辑。

规范分析方法：是指以一定的价值判断为基础，提出某些分析处理经济问题的标准，树立经济理论的前提，作为制定经济政策的依据，并研究如何才能符合这些标准。它要回答的是"应该是什么"的问题。

（二）单项选择题

1. C　　2. B　　3. A　　4. D　　5. A　　6. C　　7. CD　　8. A

（三）多项选择题

1. ABC　2. AB

（四）判断题

1. √　　2. ×　　3. ×　　4. ×　　5. √

（五）简答题

1. 谈谈你对劳动经济学的研究对象的理解。

答：劳动经济学与普通经济学有所不同，前者将问题的注意力投向了人们工作的范围，后者主要是将人从消费者的角度加以观察和认识。对劳动力的需求是一种派生需求，是对产品的需求所派生和导引出的一种需求。商品市场和资本市场的波动变化将影响劳动力市场。因此，在研究劳动经济问题时，不能摆脱商品市场和资本市场来孤立进行劳动经济的分析和研究，即所谓"不能就劳动来谈劳动"，"不能就劳动力来谈劳动力"。劳动经济学研究应注意的问题：①应加强对劳动力市场的经济学分析。②应结合产品市场和资本市场来研究和处理劳动力市场的问题。③不能脱离一个国家一定时期的劳动力市场上的制度和全球化及网络经济发展的背景。④注意与企业人力资源管理问题相结合。如运用经济学的工具分析企业内部组织结构变化与企业兼并和收购带来的人力资源问题。

2. 说明运用规范经济学或实证经济学研究现实劳动经济学的特点。

答：（1）实证经济学。①采用方法：根据数学模型（函数或坐标上的几何图形）、表格或历史事实来分析人们的行为将"是什么"。②采用方法的原因：源于实证经济学的两个假定：第一，资源的稀缺性；第二，人是理性的。因为资源是稀缺的，任何抉择都要付出成本；又因为人是理性的，为了实现其效用最大化或利润最大化，往往会对成本和收益进行比较。他们会收集资料，制作图表，建立函数，或根据历史事实，来说明人们的行为"是什么"。③缺陷：只是告诉我们实际的状态，并没有告诉我们这种状态的"对"与"错"。

（2）规范经济学。①采用方法：根据一定的价值标准来分析人们的行为"应该是什么"。②采用方法的原因：劳动力市场的作用是促进自愿的、互惠的交易。③缺陷：由于人们的立场不同，采用的价值标准往往不一致。

第二章 劳动力需求

【专题案例】

【案例 2-1】 中国最低工资制度的演变[①]

中国政府在 1984 年就签署了《制定最低工资确定办法公约》。《制定最低工资确定办法公约》（Minimum Wage Fixing Convention）由国际劳工组织（International Labor Organization，ILO）于 1928 年制定，但在相当长的一段时期内，中国并没有一个官方的最低工资标准。1993 年，原劳动部发布了《企业最低工资规定》。在这个规定中，最低工资的调整频率被设定为每年不超过一次。这个规定要求中国境内的所有企业应遵守《企业最低工资规定》，各省级政府要根据最低生活费用、平均工资、劳动生产率、城镇就业状况和经济发展水平等因素确定合理的最低工资标准。这使得省级政府在调整最低工资方面具有很大的灵活性。中国在 1995 年的《劳动法》中正式确立了最低工资制度，大部分省份在 1995 年前后正式公布了第一个月的最低工资标准。

2004 年，原劳动和社会保障部公布了《最低工资规定》，以取代 1993

---

① 都阳，贾鹏. 我国最低工资制度标准与执行关系浅析 [J]. 中国劳动保障世界，2016 (3).

年的《企业最低工资规定》。在这个新的《最低工资规定》中，最低工资的调整频率被设定为每两年不少于一次，这与 1993 年的《企业最低工资规定》有明显不同。同时，企业在支付最低工资时应该别除加班工资、特殊工作环境补贴和其他福利待遇等；企业违反最低工资规定的处罚，也由所欠工资的 20%~100% 增加到 100%~500%。新的《最低工资规定》同时确立了适用于非全日制用工形式的小时最低工资制度。

2008 年起实施的《劳动合同法》也包含多个关于最低工资的条款。但在 2008 年底，为了应对国际金融危机的挑战，人力资源和社会保障部下发通知要求各省级政府在 2009 年暂缓上调最低工资标准。随着金融危机影响的退去，各省市在 2010 年开始了新一轮最低工资调整。2010 年，31 个省、市、区中有 30 个省、市、区上调了最低工资标准，平均调整幅度为 23%；2011 年，24 个省市上调了最低工资标准，平均调整幅度为 22%；2012 年，24 个省市上调了最低工资标准，平均调整幅度为 20%；2013 年，26 个省市上调了最低工资标准，平均调整幅度为 18%；2014 年，18 个省市调整了最低工资标准，平均调整幅度为 14%。国家发展与改革委员会等部门在《关于深化收入分配制度改革的若干意见》中提出，要"根据经济发展、物价变动等因素，适时调整最低工资标准，到 2015 年绝大多数地区最低工资标准达到当地城镇从业人员平均工资的 40% 以上"。

● 最低工资的就业效应

理论上，关于最低工资对就业的影响一直以来存在着不同的声音。一方面，反对该制度的学者们认为，最低工资强制市场现行工资高于市场出清工资，必将导致劳动力需求减少，非自愿性失业增加。另一方面，支持最低工资制度的学者们认为，由于资强劳弱，我国工人的劳动力价值长期被严重低估，最低工资只是在一定程度上纠正这种现象，不会对就业产生显著影响。

实证研究方面，目前国外已有的研究结果也存在着较大分歧。Brown、

Gilroy 和 Kohen 基于完全竞争劳动力市场假设探讨最低工资对青少年就业的影响，得到的结论是最低工资具有就业负效应，大致是最低工资每上升 10 个百分点将导致青少年就业率下降 1~3 个百分点。Card 和 Krueger 基于波多黎各 1973 年建筑业横截面数据的研究发现，最低工资每提升 10 个百分点，将导致建筑业就业率下降 15.1 个百分点。但是 20 世纪 80 年代末至 90 年代末 Card、Krueger 和 Katz 等学者们一系列基于自然实验的研究结果对几乎定论了的最低工资具有就业负效应的结论形成了有力的挑战。1992 年 Card 以最低工资未调整的亚利桑那、乔治亚等州为参照组，对 1987~1989 年加利福尼亚州最低工资增长的就业效应进行探讨，结果发现最低工资增长导致低工资者的收入增长了 5%~10%，但对青少年及零售业就业并未产生任何负面影响，低工资增长并没有对快餐业就业产生不利影响。Card 和 Krueger 于 1994 年基于"自然实验法"得出最低工资增长不仅没有对新泽西州快餐业的就业产生影响，而且也没有证据表明雇主削减了员工的非工资福利以抵消最低工资增长所带来的成本增加。

付文林（2014）的研究发现：①最低工资标准与正规部门的就业总体上存在较弱的负向关系，并且最低工资制度对那些处在最低工资标准之上的劳动力就业不存在直接影响；而在最可能受最低工资制度影响的行业中，最低工资却会造成明显的就业机会损失。②最低工资标准提高的就业效应与地区经济发展水平有关。在东部省份，最低工资的就业效应比较模糊；而在中西部省份，最低工资会造成低端劳动力就业量明显减少，最低工资制度目前在缩小工资性收入分配差距中的作用总体上比较有限，尤其在东部省份，最低工资制度并未起到缩小工资性收入差距的作用。虽然在中部省份最低工资制度缩小了行业间工资收入的差距，但要得到稳健性的研究结果，还需要对非正规部门就业进行深入研究。周培煌、赵履宽（2010）运用我国 30 个省、市、自治区建筑业 1995~2006 年的面板数据研究发现，最低工资对我国建筑业就业存在显著的负效应，大致为最低工每增长 10 个百分点，将导致建筑业就业水平下降 1.3 个百分点。

【教学目标】

本案例的学习目的是通过对案例的学习使学生了解最低工资的制定依据，在此基础上能够深刻理解最低工资对劳动力市场的就业以及收入等的影响，从而能够理解劳动需求理论在实践中的具体运用。

【案例讨论】

1. 依据劳动经济学理论，最低工资可能会对劳动力市场哪些方面产生影响？

2. 为什么我国最低工资的就业效应在不同地区表现出差异？

3. 最低工资的调整依据是什么？

4. 我国最低工资在调整过程中应该注意哪些问题？

【理论运用】

最低工资

最低工资的制定

最低工资的就业效应

【分析思路】

1. 最低工资会对劳动力市场的就业和收入产生影响。对于最低工资的就业效应，一直以来有不同的声音：反对该制度的学者们认为，最低工资强制市场现行工资高于市场出清工资，必将导致劳动力需求减少，非自愿性失业增加；但支持该制度的学者们认为，底层工人的劳动力价值长期被严重低估，最低工资只是在一定程度上纠正这种现象，不会对就业产生显著影响，同时，最低工资的实施还有利于增加这部分工人的收入，从而缩小收入差距。

2. 这与目前经济越发达的省份，最低工资标准反而相对越低有一定关系。

3. 根据各国实践，最低工资的调整通常要考虑两方面的因素：劳动者的生活需求以及整体经济状况。生活需求主要包括社会平均工资、生活成本、社会保险、其他社会成员的生活标准等；整体经济状况包括经济发展、生产率、就业等。过去几年，各地政府在调整最低工资时过多强调要与社会平均工资和生活成本变化保持一致，而较少考虑经济发展阶段以及生产率的变化，这一做法应该加以改变。同时，建议政府完善最低工资标准基础信息库，包括各种形式、各个群体的就业与工资等基础信息，尤其是有利于科学计算社会平均工资水平，提高标准设计的科学性。

4. 由于最低工资制度目前在中西部省份总体上会造成低端劳动力就业机会减少，而且没有证据表明最低工资标准增加会改善低端劳动力群体的收入分配地位，因此政府在实施包括最低工资制度在内的劳动力市场干预政策时，不仅要关注劳动力市场主流群体的诉求，还应考虑为那些低技术劳动力创造就业机会，避免最低工资制度可能加剧低技术劳动力长期性失业的问题。在具体政策安排上，可以加大财政支出力度和完善转移支付制度，短期内以增加低收入人口的转移性收入水平为主；长期则应促进低技术劳动力的人力资本积累，为低技术劳动者的技能提升创造更好的制度环境。

【案例2-2】产业结构升级如何影响劳动力需求？

● 空调行业人才之争，格力人才被"偷"

格力连续12年上榜美国《财富》杂志"中国上市公司100强"，但在未来，一直倡导"工业精神"、信奉"得技术者得天下"的格力要继续引领行业发展，目前必须尽快解决以下问题：技术人才流失、竞争对手与其差距的缩小、触网之旅刚刚启动。而这三个问题中人才流失问题的解决更为关键。

格力之所以成为全球领先的空调企业，最根本的动力是人才，是人才把格力这个大齿轮转到了前所未有的高度。格力20多年来坚持自主创新，才有了让国人自豪的自主品牌，所以格力很注重培养员工的创新意识，激发他们的创新潜能，为他们提供展示创新才能的舞台，创造实现创新价值的必备条件：自建 6 所研究院，其中的新能源技术研究院、自动化技术研究院等更是瞄准"中国制造 2025"产业的前沿技术，为创新搭建平台，联手德国达姆施塔特大学共建中德学院，致力培养国际化高端人才。在人才激励上，格力也是不遗余力，每年评选科技进步奖，最高奖金达 100 万元，还常年开展全员参与的合理化建议活动，每个员工都可以就技术创新、工艺改进等提出建议，被公司采用的可获得不同金额的奖励。[1]

在如今的家电市场上，企业间的竞争已经从简单的价格竞争、产品竞争、规模竞争阶段上升到技术竞争、创新竞争的阶段。格力每年在人才培养和研发上的投入不设上限，用了 20 多年的时间才搭建完成自主创新工程体系，已经从生产型企业变成了技术型企业，更是成为了空调行业的人才摇篮，自主培养的每一位研发主任、副主任、一级专家都是中国制冷行业中的顶尖技术人才。

但 2013~2015 年，格力遇到一件烦心事，技术人才被其他企业不择手段"挖"走。据说，已有 600 多名人员被恶意"挖"走。有一位国内知名家电企业的领导，竟然带一班人到珠海，专门驻扎在格力附近的酒店"挖"人。在这些被"挖"走的人中，既有中高层管理者，又有格力内部技术人员。在能够查到的挖脚名单里，不仅有国内空调行业的竞争对手，而且有来自美国的国际巨头，甚至还有非空调领域的企业。值得注意的是，家电行业看似很大，实际上圈子内的人才资源并不多，尤其是在竞争激烈的今天，各家电企业均陷入一种"人才饥渴"状态。此次"挖"人使格力在空调行业人才大战中处于不利地位。

很多人认为，格力人才流失的根本原因是薪资太低。实则不然，从珠海地区来看，格力的平均年薪高于珠海的平均年薪：以 2014 年为例，格

---

[1] 自主创新看格力：人才驱动创新　铸就行业旗舰 [N]. 中国青年报，2015-03-06.（经作者整理）

力的平均工资比珠海市整体水平多 12366 元，高出 18%；而且格力 2014
年平均年薪相对于 2013 年增长了 16.55%。①

　　● 富士康的"百万机器人"计划②③

　　众所周知，富士康是苹果公司的代工厂，以苹果手机为例，苹果手机
不仅订单量大，其生产线也长。组装一台 MacBook 需要 50 人，组装一部
iPad 需要 300 多人，而组装 iPhone 6 至少需要 500 人。流水线上的每个人
都在重复着单调的事情，重复着昨天的自己，逐渐感觉到厌恶甚至会导致
精神压抑。2010 年"十四连跳"事件让富士康的管理层压力倍增。富士康
在四个方面做出了反应：提高员工工资、开展关爱员工活动、加快产业布
局调整、启动机器人战略——也就是"百万机器人"计划。

　　"百万机器人"战略不是为了显示富士康的技术实力，而是要实现富
士康制造的转型——让机器去替代人，那些极端枯燥、对人体伤害大的工
作先让机器人去干，逐步实现生产的自动化程度。早在 2011 年，郭台铭
在多个场合提出了机器人计划：要在三年内用 100 万台机器人改良富士康
的生产线。

　　虽然三年已过，现在富士康并没有按时完全实现这个计划，但该计划
已经在有序进行中。作为富士康在中国大陆的第二着陆点的昆山厂区，其
员工从最多时的 11 万人已缩减至目前的 5 万多人（2016 年初）。在富士康
"工业 4.0"自动化智能生产线的一个生产流程中，15 台设备在 3 名工人的
看护下，一天就可以生产 130 万件中间产品，完全颠覆了以往几百名工人
在同一条生产线上接力作业的印象。在生产连接线接头的热熔焊接厂房，
机械手臂在昏暗环境下取代人力处理精密零件的二次成型作业。免开灯不

---

　　① 格力人才被"偷"，董明珠为什么很生气 [EB/OL]. 中国制冷网官方微博，2015-06-12.（经作
者整理）
　　② 丁保祥. 富士康：机器人未了局 [J]. 商界评论，2014（10）.（经作者整理）
　　③ 富士康昆山产区 6 万个饭碗被机器人抢走 [EB/OL]. 破土网，2016-01-18.（经作者整理）

仅省电，而且每条生产线每个班仅需 1 人照顾机器，12 小时的产量就可突破 2 万件。在"关灯车间"，由于设备自动化程度很高，厂房灯光绝大多数处于关闭状态，厂区内只有少量工作人员。厂房屋顶铺设着 6 兆瓦的太阳能电池板，为灯光系统提供电能。在传统连接器零件厂房，生产过程运用"工业 4.0"物联网进行管控。据统计，自 2010 年至 2016 年，富士康已投入 3 亿元对昆山厂区车间进行自动化改造，采用自主研发机械手臂 2000 余台。

【教学目标】

本案例的学习目的是使学生深刻理解影响劳动力需求的因素，在此基础上能够真正理解外部环境变化对劳动力需求的影响机制，能够将劳动力需求等问题的分析放置于经济环境背景中进行系统分析。

【案例讨论】

1. 请结合案例思考影响劳动力需求的因素都有哪些？

2. 请结合我国当前经济发展背景以及劳动经济学相关理论分析空调行业人才之争这一现象。

3. 请结合我国劳动力市场现状和劳动经济学希克斯—马歇尔派生需求定理分析富士康用机器替代人的原因，以及其对劳动力需求的影响。

【理论运用】

劳动力需求影响因素

产业结构升级与劳动力需求变化

希克斯—马歇尔派生需求定理

【分析思路】

1. 劳动力需求的影响因素主要有：技术、时间长短、企业目标以及社会制度安排等。

2. 我国当前正面临劳动力市场转型，劳动力供给已经从"源源不断"转向"有限剩余"。随着劳动力供给的变化，劳动力市场"非技能性"工人工资持续上涨，从而会促使产业结构调整、升级。所以在未来新常态下，经济的可持续发展依靠的是"创新"而不再是"投入"，应该进行供给侧结构性改革，所以空调行业各企业在市场竞争中要引领市场就必须走创新之路。虽然很多企业意识到该问题，但不愿自己培养或者短期内难以建立自主创新的人才培养机制，所以就可能出现了这种问题。

3. 我国劳动力市场自 2004 年已经开始进入刘易斯转折点。随着刘易斯转折点的到来，"非技能性"工人工资持续上涨。依据劳动经济学理论，在其他条件不变的情况下，一种生产要素价格的上涨会使得雇主用另一种生产要素对之进行替代。所以，富士康的几百万台机器人计划一方面是因为"十四连跳"后企业开始注重基层员工的管理，另一方面主要是因为劳动力市场的变化，即劳动力价格的上涨。依据希克斯—马歇尔派生需求定理：未来这种变化在一定程度上会减少企业对一线非技术性员工的需求量。但具体这种影响有多大，还要因其机器人研发的速度与质量而定。

【案例 2-3】 金融危机后的美国经济无就业复苏

一直以来，就业市场是政府最为关注的领域。2008 年 9 月至 2009 年年中，美国经历了自 20 世纪 30 年代以来最严重的金融危机和经济衰退。这场危机对美国的就业也产生了非常严重的影响。从图 2-1 可以看出，美国的失业率从 1995 年到 2008 年一直保持在 4%~6%，从未超过 6%，失业率处于可以忍受的范围之内。20 世纪 90 年代的前几年，美国的失业率比较高，达到 7% 左右，随着美国新经济发展，失业率降低到了可承受的范围之内。从 2009 年开始，金融危机的影响显现，美国失业率蹿升至 9.3%，失业问题变得严重，并连续两年居高不下，2010 年更是高达 9.6%，几乎是 2008 年以前失业率的两倍。

金融危机爆发后，美国采取了大规模的金融机构援救措施和经济刺激措施，及时地遏制了危机的蔓延和恶化。同时，在中国等新兴市场经济体

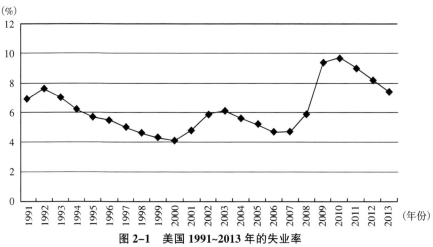

图 2-1　美国 1991~2013 年的失业率
资料来源：作者根据世界银行数据绘制。

强劲增长的带动下，美国经济在 2009 年年中走出衰退，开始逐步复苏和恢复增长。2009 年下半年，美国实际国内生产总值（GDP）达到了约4%的年增长率。2010 年前几个月，美国消费和生产的最新数据也显示美国经济仍然在复苏的轨道上。

至 2011 年 8 月，美国仍有 1400 万人处于失业状态，与 2007 年相比，有固定职业者减少了 1150 万人。美国劳工部的数据显示，至 2012 年 8 月美国失业率连续 40 多个月保持在 8%以上。根据美国非农就业报告，2012年 9 月美国失业率降至 7.8%。

尽管失业率有所下降，但就业现状并不乐观。根据美国家庭调查（Household Survey）的统计：相比于 2012 年 7 月、8 月，美国共丧失 31.4万个工作岗位。2012 年 9 月美国非农就业增长 11.4 万人，远低于过去 3个月平均增长 14.6 万人的水平。同时，从统计角度来看，美国劳工部将失业周期较长仍找不到工作的人——放弃寻找工作者，以及希望获得全职工作但因经济环境而只能从事兼职的从业者排除在官方统计的失业率之外，包括这两项在内的"广义"失业率（U6）则在 14.5%以上。同时，令人担忧的是美国整体劳动参与率较低：虽然 2012 年 9 月美国整体劳动参与率为 63.6%，比 8 月略升，但美国 8 月劳动参与率为 63.5%，创 1981 年 9 月以来最低，社会整体劳动力人口减少 36.8 万人，更多的人口退出劳动力大军。

据悉，失业率下降的主因是越来越多的失业者放弃寻找工作，而放弃的原因与美国企业雇人步伐放慢有关。根据官方统计惯例，放弃就业者不被纳入失业统计中。美国总统奥巴马警告称，美国就业状况仍起起落落，政府还要完成许多任务以改善状况。

至 2014 年 12 月，数据显示，12 月新增非农就业 25.2 万人，市场预期增加 24 万人，前值由增加 32.1 万人上升至增加 35.3 万人；失业率为 5.6%，市场预期为 5.7%，前值为 5.8%。尽管 12 月非农就业人口和失业率双双好于预期，但是 12 月美国劳动参与率仅有 62.7%，创 38 年来新低。

【教学目标】

本案例的学习目的是使学生深刻理解劳动力需求的派生性以及劳动力需求的影响因素，并在此基础上掌握如何综合运用劳动参与率与失业率这两个指标分析经济现象，同时提升学生综合运用各章节知识点的能力。

【案例讨论】

1. 请结合劳动经济学理论解释为什么金融危机爆发后美国失业率居高不下？

2. 这类失业属于哪种类型的失业？

3. 美国经济无就业复苏的主要原因是什么？

4. 失业率虽然有所降低，但同时劳动参与率也很低，这反映出劳动力市场的什么问题？

【理论运用】

劳动力需求的派生性

失业类型

劳动力需求的影响因素

劳动参与率

失业率

【分析思路】

1. 主要是金融危机时期消费者对产品的需求大幅下降，而劳动力需求是典型的派生性需求，从而导致市场对劳动力的需求下降，造成失业。

2. 这类失业既有周期性失业又有结构性失业。

3. 金融危机后期，产业结构调整造成结构性失业和生产效率提升导致劳动力相对过剩。一方面，美国的结构性失业起始于 20 世纪初的全球化浪潮，但金融危机使其加剧。20 世纪初至 2007 年 12 月的金融危机，美国企业为优化利用全球资源和提高竞争力，加大产业外移和制造业企业大量生产外包的步伐，由于缺乏足够规模的新兴产业来吸收那些被削减下来的美国工人，结构性失业开始出现。另一方面，据麦肯锡全球研究所的报告：美国制造业产出在 1997~2007 年每年增长 3.9%，而同期劳动生产率每年上升 6.8%，于是就业岗位在 10 年间减少了 570 万人。

4. "失业率虽然有所降低，但同时劳动参与率也很低"这种现象说明劳动力市场存在"沮丧效应"。有一部分人相当于隐性失业，他们本来有想要工作的欲望，只是因为劳动力市场不景气使他们失去信心，暂时放弃进入劳动力市场。

【习题】

（一）名词解释

派生需求　求人倍率　劳动的边际成本　劳动的边际收益　短期

长期　劳动的边际产品价值　卖方垄断企业　买方垄断企业　替代效应

规模效应　劳动需求的工资弹性　互补性生产要素　替代性生产要素

（二）单项选择题

1. 在其他条件不变的情况下，产品需求下降会导致（　　）。

A. 劳动力需求下降　　　　　　　B. 劳动力需求不变

C. 劳动力需求上升　　　　　　　D. 难以确定

2. 如果劳动力需求曲线是缺乏弹性的，那么当工资率上升时，该类劳动力的工资总量会（　　）。

A. 上升　　　　　　　　　　　　B. 下降

C. 维持不变　　　　　　　　　　D. 可能上升，可能下降

3. 在其他条件不变时，下列关于劳动力需求的说法正确的是（　　）。

A. 劳动力需求随工资率的上升而增加

B. 劳动力需求随工资率的上升而减少

C. 无论工资率如何变化，劳动力需求始终不变

D. 无论工资率如何变化，劳动力需求始终增加

4. 当劳动的边际收益大于劳动的边际成本时，企业会（　　）劳动的使用量。

A. 不变　　　　B. 减少　　　　C. 增加　　　　D. 无法确定

5. 长期劳动力需求行为不同于短期的劳动力需求行为在于（　　）。

A. 长期企业不可以调整其劳动力数量

B. 长期企业可以调整其劳动力数量

C. 长期企业不可以调整其资本数量

D. 长期企业可以调整其资本数量

6. 劳动需求曲线向左下方移动，说明劳动力需求（　　）。

A. 难以判定　　　B. 减少　　　C. 不变　　　D. 增加

7. 总成本中，劳动成本所占比重越大，该种劳动力的自身工资弹性（　　）。

A. 越大　　　　　B. 越小　　　　C. 不变　　　　D. 不确定

8. 在完全竞争条件下，短期内企业劳动力需求确定的原则是（　　）。

A. MRP=VMP　　　B. MRP=AP　　　C. VMP=W　　　D. VMP=MP

9. 卖方垄断企业的劳动力边际成本是（　　）。

A. MRP=AP　　　B. MRP=W　　　C. VMP=W　　　D. VMP=MP

10. 工资水平上升了 30%，企业的雇用量下降了 5%，说明该企业的劳动需求弹性（　　）。

A. 劳动力需求弹性大，需求曲线比较陡峭

B. 劳动力需求弹性小，需求曲线比较陡峭

C. 劳动力需求弹性大，需求曲线比较平缓

D. 劳动力需求弹性小，需求曲线比较平缓

11. 某国在过去的一年中工资上涨 1.5%，劳动力的需求量下降 3%，则劳动力需求的工资弹性为（　　）。

A. –2　　　　　B. 2　　　　　C. –4.5%　　　D. 4.5%

12. 关于企业使用生产要素的原则，公式（　　）表述是正确的。

A. MRP=MR·AP　　　　　　　B. MR=MRP·MP

C. MR=MRP·P　　　　　　　D. MRP=MR·MP

13. 劳动力买方独家垄断厂商实现利润最大化的原则是（　　）。

A. VMP < MLC　　B. VMP = MLC　　C. VMP > MLC　　D. VMP ≥ MLC

14. 反映劳动力需求量变动对工资率变动的反应程度的指标是（　　）。

A. 劳动力需求的交叉弹性　　　B. 劳动力需求的自身工资弹性

C. 劳动力供给的自身工资弹性　　D. 劳动力供给的交叉弹性

15. 如果两类劳动力是总替代关系，则一类劳动力的工资率上升会引起另一类劳动力（　　）。

A. 供给的增加　　B. 供给的下降　　C. 需求的增加　　D. 需求的下降

16. 如果教授的自工资需求弹性为–0.5，则当教授工资从 4 万美元上升到 5 万美元时将导致其需求量下降（　　）。

A. 10%　　　　B. 12.5%　　　　C. 15%　　　　D. 17.5%

17. 如果劳动力市场是完全竞争的且法律是全部覆盖的，则当最低工资（高于均衡工资）立法的实施可能会使（　　）。

A. 均衡工资降低　　　　　　B. 均衡工资不变

C. 均衡就业量降低　　　　　D. 均衡就业量增加

18. 当工会所面临的劳动力需求曲线的自身工资弹性越大，则工会在尽可能保障其成员就业安全的情况下为其赢得的工资增长的幅度（　　）。

A. 越大　　　　B. 越小　　　　C. 不变　　　　D. 非常大

19. 假如某地区的成年人工资率提高 1%，导致该地区的青少年劳动力需求下降 2%，则这两种劳动力之间存在的关系是（　　）。

A. 替代关系　　　B. 总替代关系　　　C. 互补关系　　　D. 总互补关系

20. 某地区汽车生产工人工资率从每小时 30 元上升到 33 元，该地区汽车制造商对汽车生产工人的劳动力需求将会从原来的 10000 人减少到 8000 人，则该地区汽车生产工人的劳动力需求自身的工资弹性属于（　　）。

A. 缺乏弹性　　　B. 富有弹性　　　C. 单位弹性　　　D. 无弹性

（三）多项选择题

1. 下列关于劳动力需求弹性的说法中，正确的是（　　）。

A. 其他要素替代劳动力的可能性越大，劳动力需求弹性就越大

B. 产品的需求弹性越大，劳动力需求弹性就越小

C. 劳动成本所占总成本的比例越大，劳动力需求弹性就越大

D. 资本的供给弹性越大，劳动力需求弹性就越小

E. 资本的供给弹性越大，劳动力需求弹性就越大

2. 下列关于边际生产力递减规律说法正确的是（　　）。

A. 第一阶段边际产量递减　　　　B. 第一阶段边际产量递增

C. 第二阶段边际产量递减　　　　D. 第三阶段总产量增加

E. 第三阶段总产量绝对减少

3. 关于等产量曲线，下列说法正确的是（　　）。

A. 离原点越远，表示产量越高　　B. 离原点越远，表示产量越低

C. 两条等产量曲线不可能相交　　D. 等产量曲线斜率为负

E. 等产量曲线斜率为常数

4. 下列关于劳动需求曲线说法正确的是（　　）。

A. 长期劳动需求曲线比短期劳动需求曲线更为平缓

B. 劳动需求曲线向右下方倾斜

C. 短期内完全竞争企业的劳动需求曲线与 VMP 完全重合

D. 卖方垄断企业的劳动需求曲线与 VMP 完全重合

E. 买方垄断企业的劳动需求曲线与 MRP 完全重合

（四）判断题

1. 企业对劳动力的需求是一种派生需求。（　　）

2. 当劳动的边际收益小于劳动的边际成本时，企业会增加劳动的使用量。（　　）

3. 劳动的边际产品价值等同于产品的边际收益。（　　）

4. 在其他条件不变的条件下，当工资率上升时，企业会缩小生产规模。（　　）

5. 短期劳动需求曲线比长期劳动需求曲线更富有弹性。（　　）

6. 企业追求利润最大化目标，则企业使用劳动要素的原则是：劳动的边际收益 = 劳动的边际成本。（　　）

7. 短期内，卖方垄断企业的劳动需求曲线与 VMP 曲线完全重合。（　　）

8. 买方垄断企业的劳动需求曲线不存在。（　　）

9. 一般而言，陡直的劳动需求曲线弹性较大，而平缓的劳动需求曲线弹性较小。（　　）

10. 如果某企业的产品是劳动密集型，则该企业的劳动需求的工资弹性较小。（　　）

（五）简答题

1. 影响劳动需求的因素都有哪些？

2. 简述希克斯—马歇尔派生需求定理。

3. 在考查劳动力需求曲线时一般有哪些假设条件？

4. 长期劳动需求曲线与短期劳动需求曲线有何差异？为什么存在这样的差异？

5. 请解释工资率变动所导致的规模效应和替代效应的含义。

（六）作图分析题

1. 请推导短期内，完全竞争市场下，单个企业（其他企业不进行调整）的劳动需求曲线。

2. 许多雇主为雇员提供健康保险，而有些雇主（主要是小企业雇主）则不这么做。假定政府希望所有雇员都得到等于或超过某项标准的健康保险，并且政府希望雇主支付这一保险费用，且正在考虑三种选择方案：

（1）如果雇主不愿提供给雇员固定的健康保险，则必须为雇员每小时的劳动支付 X 元的税收，由此归集的资金将由政府为雇员提供健康保险。

（2）情况与（1）相同，不同的是，政府提供的健康保险基金将以雇主总收入的一定比例筹集。

（3）情况与（1）相同，不同的是，政府提供的健康保险基金将由对雇主建筑物、土地及机器征收的财产税筹集。

请比较以上三种选择方案的劳动力市场效应（即对劳动力需求的影响）。

3. 请作图分析短期劳动需求与长期劳动需求如何相互作用。

（七）计算题

1. 假设内蒙古一家羊毛衫生产厂现有员工 12 名，每天生产羊毛衫 135 件，因工作需要，企业又招聘了一名员工，目前每天的产量为 145 件。假设，每件羊毛衫的售价为 300 元，试计算最后一单位劳动的边际产品价值是多少？

2. 某航空公司原先雇用飞行员 20 名，每天每人支付 1500 元工资，如果雇用人数增加到 21 名，支付给每人每天的工资增加到 1650 元。试求该航空公司雇用人数从 20 名增加到 21 名的边际成本。

3. 如果工资率从 10 元降至 8 元，而企业的雇工数量从 60 人升至 90 人，计算劳动力需求弹性。

4. 表 2-1 中给出了某企业的劳动力投入量 L 和总产量 Q 的情况，已知该企业产品处于完全竞争市场，产品销售价格 P 为 200 元/件，要求计算劳动力投入量 L 从 2 人增加到 3 人时：

表 2-1　某企业劳动力投入量 L 与总产量 Q 的关系

劳动力投入量 L（人）	总产量 Q（件）
0	—
1	11
2	24
3	38
4	47
5	54
6	58

（1）劳动的边际产量 MP。

（2）劳动的边际产品价值 VMP。

【习题参考答案】

（一）名词解释

派生需求：厂商对生产要素的需求是从消费者对产品的直接需求中派生出来的。从这个意义上说，对生产要素的需求有时被称为"派生需求"或"引致需求"。

求人倍率：是一个反映劳动力市场上短期劳动力需求状况的指标，等于职位空缺数量与求职人的数量之比。

劳动的边际成本：是指在其他条件不变的情况，增加最后一单位劳动所带来的劳动的总成本的增加量。

劳动的边际收益：是指在其他条件不变的况下，增加最后一单位劳动，所带来的总收益的增加量。

短期：指只能改变劳动投入数量的时间范围，在这个时间段里资本数量是不变化的。

长期：是指可以改变劳动和资本投入数量的时间范围，但这个时间范围还不足以改变生产技术。

劳动的边际产品价值：是指完全竞争企业使用劳动要素的边际收益，即：MP·P。表明增加使用一单位劳动所增加的收益，一般用 VMP 表示。

卖方垄断企业：是指在产品市场处于垄断地位，但其所在劳动力市场是完全竞争状态的企业。

买方垄断企业：是指在劳动力市场处于垄断地位，但其所在产品市场是完全竞争状态的企业。

替代效应：指由于工资率的上升使得企业用资本替代劳动，这种效应称为替代效应。

规模效应：指由于工资率的上升，造成劳动的边际成本上升，从而企业降低产量，而产量的下降会导致企业使用的劳动数量下降，这种效应被称为规模效应。

劳动需求的工资弹性：指当工资率变化一个百分率所引起的劳动需求变化的百分率的比值。

互补性生产要素：当 A 的数量增加时，生产要素 B 的边际生产率上升，则称 A 与 B 是互补的。

替代性生产要素：当 A 的数量增加时，生产要素 B 的边际生产率下降，则称 A 与 B 是替代的。

（二）单项选择题

1. A　　2. A　　3. B　　4. C　　5. D　　6. B　　7. A　　8. C

9. B　　10. B　　11. A　　12. D　　13. B　　14. B　　15. C　　16. B

17. C　　18. B　　19. D　　20. B

（三）多项选择题

1. ACE　　　2. BCE　　　3. ACD　　　4. ABC

（四）判断题

1. √　　2. ×　　3. ×　　4. √　　5. ×　　6. √　　7. ×　　8. √

9. ×　　10. ×

（五）简答题

1. 影响劳动需求的因素都有哪些？

答：影响劳动力需求的因素包括：技术对劳动需求的影响；时间长短对劳动需求的影响；企业目标对劳动需求的影响；社会制度安排对劳动需求的影响。

2. 简述希克斯—马歇尔派生需求定理。

答：希克斯—马歇尔第一定理：在其他条件相同的情况下，其他生产要素对劳动要素的替代越容易，则劳动需求的工资弹性就越高。

希克斯—马歇尔第二定理：当产品需求的价格弹性越大，那么用来生产这种产品的劳动需求的工资弹性也就越大。

希克斯—马歇尔第三定理：如果总成本中劳动成本所占比例越高，那么劳动需求的工资弹性就越大。

希克斯—马歇尔第四定理：如果与某一特定要素协同生产的其他生产要素的供给越富有弹性，那么该特定要素的需求就越富有弹性。

3. 在考查劳动力需求曲线时一般有哪些假设条件？

答：这些假设包括：生产技术假设、企业目标假设、市场环境的假设、劳动力是否同质的假设。

4. 长期劳动需求曲线与短期劳动需求曲线有何差异？为什么存在这样的差异？

答：两者的差异主要表现在：长期劳动需求曲线比短期劳动需求曲线更平缓，弹性相对更大。这主要是因为在长期资本与劳动之间存在替代性。

5. 请解释工资率变动所导致的规模效应和替代效应的含义。

答：如图 2-2 所示，假定企业处在初始点 A，在该点，企业恰好处于利润最大化阶段。此时，工资率为 W_0，劳动投入量为 L_A，资本数量为 K_A。现在假定资本价格 K 不变，工资率从 W_0 上升到 W_1：

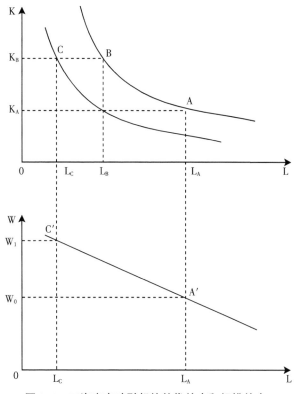

图 2-2　工资率变动引起的替代效应和规模效应

若企业在原有产量上生产，则企业可能在 B 点进行。这种调整使得企业的劳动使用量从 L_A 降低到 L_B，而资本从 K_A 到 K_B，即 K 替代 L，我们将这种效应称为替代效应。

但实际上，W 上升，MC 上升，Q 下降，L 下降，利润最大化点也从 B 点移动到 C 点，此时企业产生规模效应，劳动数量 L_B 下降到 L_C。

由以上分析可知，当 W 上升时，导致企业调整出现两个效应，即替代效应和规模效应，所引起的劳动需求的减少也是这两种效应的变化之和。

（六）作图分析题

1. 劳动需求曲线是指，在其他条件不变时，完全竞争企业对劳动的需求量 L 与劳动价格 W 之间的关系。

使用劳动要素的边际收益 = VMP = MP·P

使用劳动要素的边际成本 = W

完全竞争企业使用劳动要素的原则为：VMP = W 或 MP·P = W

在完全竞争条件下，企业在短期内对单一可变的 L 要素的需求曲线将与其边际产品价值曲线完全重合（见图 2-3）。

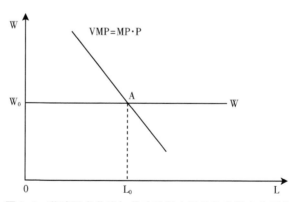

图 2-3　劳动需求曲线与劳动边际产品价值曲线完全重合

2. 三种选择方案的劳动力市场效应具体如下：

（1）这种情况相当于工资率上升，会引起替代效应（资本替代劳动，导致劳动力的需求下降）和规模效应（规模效应导致劳动力的需求下降）。

（2）这种情况相当于工资率和资本的价格同比例上升，不会引起替代效应，但会引起规模效应（规模效应导致对劳动力的需求下降）。

（3）这种情况相当于资本的价格上升，会引起替代效应（劳动对资本的替代，导致劳动力的需求上升）和规模效应（规模效应导致劳动力的需求下降）。

3. 长期劳动需求曲线与短期劳动需求曲线相互影响：

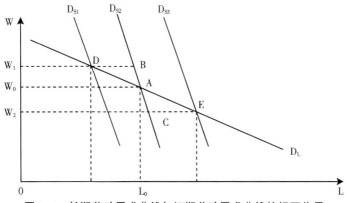

图 2-4　长期劳动需求曲线与短期劳动需求曲线的相互作用

如图 2-4 所示，长期劳动需求曲线 D_L 同许多短期劳动需求曲线 D_{S1}，D_{S2}，D_{S3} 等相交，短期劳动需求曲线更为陡峭，长期劳动需求曲线更为平坦（弹性更大）。

在图 2-4 中，假定 A 点的工资率为 W_0，此时利润最大化点企业使用的劳动量和资本量分别为 L_0、K_0；A 点既是长期曲线上的点又是短期曲线上的点。

当 W 从 W_0 上升到 W_1 时，短期内在 D_{S2} 上从 A 点调整到 B 点，长期内在 D_L 上从 A 点调整到 D 点，因为企业有充分的时间调整其 K 的使用量以替代 L。

同样，当 W 从 W_0 下降到 W_2 时，短期内在 D_{S2} 上从 A 点调整到 C 点，

长期内在 D_L 上从 A 点调整到 E 点，因为企业有充分的时间调整其 K 的使用量被 L 替代。

（七）计算题

1. 解：由 12 人到 13 人的边际产量 MP 为：

145 – 135 = 10（件）

最后一单位劳动的边际产品价值 = 10 × 300 = 3000（元）

2. 因增加 1 名飞行员所增加的成本即为边际成本，

故边际成本 = 1650 × 21 – 1500 × 20 = 34650 – 30000 = 4650（元）

3. e_d =（ΔL/L）/（ΔW/W）=（ΔL/ΔW）·（W/L）

劳动力需求弹性 =［（90 – 60）/60］/［（8 – 10）/10］= 0.5/–0.2 = –2.5

此劳动力需求富有弹性

4.（1）MP = 38 – 24 = 14（件）

（2）VMP = MP·P = 14 × 200 = 2800（元）

第三章 劳动力供给

【专题案例】

【案例 3-1】 人口老龄化对中国劳动力供给影响几何？[①]

改革开放 30 多年来，中国经济一直持续快速增长，GDP 年均增长率达到近 10%，并成功跨越贫困陷阱，先后于 1997 年、2010 年分别进入中低等、中高等收入国家（依据世界银行标准）行列，创造了"中国奇迹"。这一事实引起国内外经济学家的高度关注，他们分别对中国经济持续快速增长的原因和动力进行分析。从供给角度出发，经济增长的动力主要来源于三个方面：资本、劳动力和全要素生产率。因研究方法和使用数据的差异，虽然关于中国经济增长过程中各要素的具体贡献率存在差异，但多数文献的研究都认为改革开放 30 多年来中国经济的高速增长主要依靠要素资本投入。

要素资本投入之所以能够促使中国经济在过去 30 多年时间里持续增长的一个主要原因是中国劳动力市场上丰富的劳动力供给。农村源源不断

---

① 童玉芬. 人口老龄化过程中我国劳动力供给变化特点及面临的挑战 [J]. 人口研究，2014（3）：52–60.

转移出来的劳动力供给延缓了资本投入的边际报酬下降，从而能够确保通过资本投入不断促进经济增长。但是目前中国劳动力市场已经开始发生变化。

● 中国老年人口变化趋势

关于中国人口老龄化的未来趋势，很多学者都曾做过预测，虽然结论不完全相同，但是基本趋势大同小异。按照联合国最新的人口预测（联合国经济和社会事务部，2013），我国未来近 40 年内，65 岁及以上老年人口规模将呈现持续上升的趋势，因为目前开始的生育率变化不会影响到未来40 年之前的 65 岁及以上人口的规模，因此无论哪种方案，到 2030 年中国65 岁及以上老年人口规模将达到 2.3 亿，到 2050 年老年人口将达到 3.31亿（见图 3–1）。

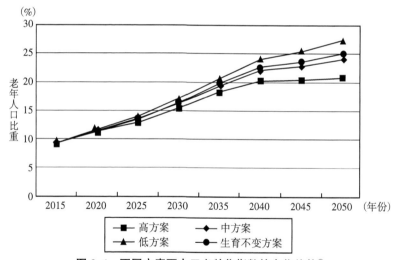

图 3–1　不同方案下人口老龄化指数的变化趋势[①]

以老年人口比重表征的老龄化程度在未来将有很大的提高，而且随着生育率设置的不同将出现一些差异。预测显示，无论哪种生育方案，到

---

① 联合国人口预测方案基于不同情况，设定了四种不同生育方案，其中：高方案假定总和生育率从当前的 1.91% 提高到 2050 年的 2.31%，中方案从当前的 1.66 提高到 1.8%，低方案则从 1.41% 进一步降为 1.31%。最后一个方案假定生育率保持 1.61% 始终不变。

2030 中国老年人口比重将达 15%~17%，而 2050 年人口老龄化程度将为现在的 2~3 倍。不同生育方案下差异也更大，在保持低生育率水平下将达到 27%，在生育率不变方案下也将达到 20%。

● 中国劳动年龄人口变化趋势

劳动力供给，包括劳动力的潜在供给和有效供给。前者主要是指劳动力资源，即具备劳动能力（体力和智力）的合法的全部人口；后者是考虑了劳动参与率以后的劳动力供给，包括参与到经济活动中的在业和失业人口。在统计上为了方便，将符合一定年龄的人口都视作劳动力的潜在供给人口，也就是劳动年龄人口（或劳动适龄人口）。但是不同来源的统计，年龄口径有所不同。联合国人口基金会将 15~64 岁的人口全部看作劳动适龄人口，而国际劳工组织将 16 岁及以上的人口视作劳动年龄人口。在我国，按照法定退休年龄，一般统计上将男性 16~59 岁的人口、女性16~55岁的人口看作是劳动年龄人口。为了国际比较方便，我们采用联合国人口基金会的口径，即将 15~64 岁的人口视作劳动适龄人口。

根据联合国 2012 年的最新人口预测，无论未来生育率采用哪个方案，中国的劳动力规模都将在 2015 年左右开始出现全面下降。但在 2030 年之前，总的劳动适龄人口规模下降幅度并不大，各种方案下平均每年下降速度都在 0.1%~0.2%。2015~2030 年，四种方案下平均每年减少的劳动年龄人口规模分别为 89 万、180 万、270 万和 192 万人。到 2030 年，四种方案下的劳动适龄人口规模依然分别是 10.01 亿、9.88 亿、9.74 亿和 9.86 亿。而 2030 年将是个转折点，从这一年开始，劳动年龄人口规模将开始较快下降，四个方案下平均每年减少的劳动年龄人口规模分别为 286 万、690 万、1107 万和 813 万，远快于前一个阶段劳动年龄人口的减少速度。到 2050 年，生育率在高方案、中方案和低方案以及不变方案下的劳动力规模将分别减少到 9.48 亿、8.49 亿、7.53 亿和 8.23 亿，分别只是 2010 年的 93%、84%、73%和 81%。

值得注意的是，当前生育率政策的适度放开，对未来 15~20 年内的劳动力供给并不发生作用，但正好可以在一定程度上弥补 20 年之后的劳动力供给的快速下降（见表 3-1）。

表 3-1　不同生育方案下 15~64 岁劳动年龄人口预测

单位：万人

年份	高方案	中方案	低方案	不变方案
2015	101452	101452	101452	101452
2020	100395	100395	100395	100395
2025	100216	100216	100216	100216
2030	100123	98757	97391	98578
2035	98509	95140	91772	94615
2040	96499	90945	85390	89795
2045	96069	88483	80905	86551
2050	94769	84948	75255	82314

● 中国劳动年龄人口劳动参与率变化趋势

人口老龄化过程不仅反映在劳动年龄人口本身的变化上，还体现在劳动参与率的变化上。劳动参与率是衡量人们参与经济活动状况的指标，是经济活动人口（包括就业者和失业者）占劳动年龄人口的比率。因为在劳动年龄人口中，除了就业和失业（两者之和为经济活动人口），还存在着上学、服兵役、做家务以及直接退出劳动力市场的人员，后者比重越大，则劳动力参与率越小，表明劳动力的有效供给越低。

图 3-2 是依据我国 2000 年第五次人口普查和 2010 年第六次人口普查数据计算的分年龄的劳动参与率情况。可以看出，我国分年龄的劳动参与率呈现明显的倒 "U" 型结构，劳动参与率先是随年龄增加而上升，此后在 40 岁左右开始随年龄增加而下降。十年来这种格局没有变化，但低年龄组人口的劳动参与率出现比较大的下降，这主要是和这些年高考扩招有很大关系。

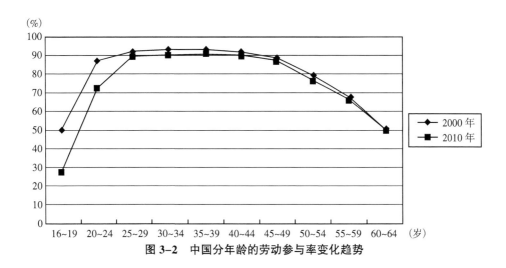

图 3-2　中国分年龄的劳动参与率变化趋势

【教学目标】

本案例的学习旨在帮助学生了解劳动供给的影响因素，深刻理解中国人口数量、结构和劳动参与率的变化趋势以及其对劳动供给的影响，目的是帮助学生深刻认识中国劳动力市场的这些变化以及这些变化对未来经济增长的影响。

【案例讨论】

1. 影响劳动力供给数量的因素有哪些？

2. 请结合分析老龄化对中国劳动力供给的影响。

3. 影响劳动参与率的因素有哪些？

4. 请结合案例分析我国近几年劳动参与率的变化趋势及原因。

5. 劳动力供给的变化将会给中国经济带来哪些影响？

【理论运用】

人口规模

人口结构

劳动供给

劳动参与率

【分析思路】

1. 影响劳动力供给数量的要素有：人口规模总量、人口年龄结构、人口性别结构以及劳动参与率等。

2. 人口老龄化会使得：①老年人口规模扩大；②同时使得劳动年龄人口中较高年龄的劳动力比例增大；③从表 3-1 中可以看出，我国劳动年龄人口规模在 2030 年后将快速下降。

3. 影响劳动参与率的因素有很多，例如：人口年龄结构的变化，教育事业的发展，人们收入水平的提高和收入来源的多样化，就业形势好坏，家务劳动社会化程度以及人口学因素。其中，人口年龄结构变化是一个重要的、不可忽视的影响因素，因为从图 3-2 中可以看出不同年龄段的劳动参与率有很大差异。

4. 从案例可以看出：近几年我国劳动参与率呈下降趋势。其中 16~25 岁年龄段的劳动参与率下降主要是因为教育事业的发展，如高校扩招等使得这部分群体能够继续接受高中、大学教育。短期看，这部分年龄段的劳动参与率下降、劳动供给减少，但长期看，这部分劳动力的素质提升，未来在劳动力市场上的就业竞争力将会增强。45 岁以上年龄段的劳动参与率也略微下降，这可能主要是因为这部分劳动力在劳动力市场上的竞争力较弱。

5. 劳动力供给数量的变化可能会影响未来经济的可持续增长。从世界范围来看，人口历来都是经济社会发展过程中最基本、最重要的影响因素之一，中国也不例外。改革开放以来，廉价劳动力的充裕供应和有效利用为我国经济快速发展奠定了良好的基础。除了机制创新带来的"改革红利"与廉价的自然资源带来的"资源红利"外，中国过去 30 多年的高速增长在一定程度上得益于"人口红利"。根据王德文等人估算，人口红利对 1982~2000 年间我国人均 GDP 增长的贡献率高达 26.8%。在劳动力供给相对充足、居民储蓄率持续处于高位的背景下，生产要素投入可能暂时不会遇到资本报酬递减现象，因此，过去的 30 多年里中国主要依靠投入驱动型的方式推动经济增长，并在较长一段时期内维持了良好的经济绩效。所以，在劳动力市场的这种变化背景下，中国在未来应关注劳动力素质的提升，提高劳动生产率，促进产业结构调整升级。

【案例 3-2】高福利的德国如何应对劳动力供给危机

"二战"以后，西方世界的高福利维持着经济的稳定发展。但是至 2000 年左右，这些传统的高福利政策已经严重地困扰着德国、法国、英国、意大利等国家，这些国家政府日渐陷入财政入不敷出、寅吃卯粮的困境。

● 德国当年的社会福利①

欧洲的社会福利水平普遍较高，德国更是以高福利闻名。自 1988 年以后，德国社会福利方面的总支出一直维持在 GDP 的 37% 以上。据柏林社会保障局官员透露，2006 年德国享受社会救济的有 290 万人、150 万个家庭。救济金每月为 345 欧元（德国东部是 331 欧元），政府还负责支付被救济对象的住房租金。这位官员还举例：一名叫汉斯的德国公民，现年 56 岁，由于长期失业成为社会救济对象。他一家 5 口人，男主人每月的救济金是 345 欧元，女主人能得到 289 欧元，3 个孩子每人各补助 207 欧元，这样他一家每月可从社会保障局领到 1255 欧元的现金作为生活费。他家 750 欧元的房租和医疗健康保险均由政府支付。如果加在一起，这个家庭每月的实际收入超过 2000 欧元。目前，德国职工的月平均工资是 2800 欧元，职工实际收入并不比领取社会救济的人多出很多。况且，每年换季时，领取救济金的人还能再得到几百欧元的服装补贴。如果生活上仍有困难，还可以申请额外资助。此外，大多数家庭在拿到现金救济后还会再申请实物救济。

不过，高福利也会带来社会问题，据统计，仅柏林地区每年就有 40%

---

① 高福利让"老欧洲"骑虎难下［N］. 环球时报，2006-02-27.（经作者整理）

的人的额外申请因超出了他们的需要而被拒绝。

● 德国当年的劳动力市场

在实行高福利的同时，德国劳动力市场稳定性有余而灵活性不足。表3-2是2004年欧、美、日13国的25~64岁非熟练劳动者的劳动参与率与失业率，可以看出德国比其他发达国家的失业率都高，同时劳动参与率较低。

表3-2　2004年13国失业率与劳动参与率比较

国　家	25~64岁非熟练劳动者	
	失业率（%）	劳动参与率（%）
德　国	20.5	48.6
比利时	11.7	49.6
法　国	12.1	59.6
意大利	7.8	51.6
西班牙	7.3	57.5
日　本	6.7	66.7
爱尔兰	6.4	57.2
荷　兰	5.7	59.0
奥地利	7.8	52.2
丹　麦	7.8	62.2
英　国	6.6	53.0
瑞　典	6.5	67.0
美　国	10.5	56.5

资料来源：朱玲.促进就业：德国劳动力市场改革［J］.中国工业经济，2008（3）：138.

● 德国劳动力市场相关改革措施

德国政府于2003年对劳动力市场的相关制度进行改革，主要措施包括：将申领失业救济的时间从32个月缩短为12个月；降低失业金给付水平；将失业救济金和社会救济金合并称为失业金，社会救济金尽可能只发给丧失劳动能力的人；失业者必须接受劳工局介绍的工作，否则每月减少100欧元的失业金；同时进行税收及工资制度等方面的改革。德国政府以期通过这些改革使得劳动人口能够积极返回到劳动力市场。

此外，德国还实行双元教育体制和职业培训。学徒一半时间在职业学校学习，一半时间在企业实习、工作。学徒在学习期间同时获得工作经历，还有实习工资可拿，这样可以确保学习联系实际。这种双轨制教育培训为德国经济发展培养了大量的技术工人。

● 金融危机后的德国劳动力市场

受欧债危机影响，欧洲整体失业率居高不下，西班牙、希腊的年轻人的失业率甚至高达50%以上，但德国的失业率能维持在5%~6%的低水平上。据德国联邦劳动局公布的数据：2015年6月德国的失业人口为271.1万，与5月相比减少5.1万，与2014年同期相比减少12.2万，失业率为6.2%；同时，劳动参与率也有所上升。不仅如此，德国还出现了劳动力短缺现象，仅去年就吸纳了108万新移民，这是近17年来的新高。

● 欧洲其他国家劳动力市场

2000年左右，法国、英国等国也面临德国一样的问题。在法国，那些长期失业的人可以到社会家庭辅助中心申请最低收入，单身的人最低生活补助金为每月405欧元，两个人为每月608欧元。对于那些短期失业或处于转换工作时期的人来说，第一年能拿到相当于原工资90%的生活补助，第二年是80%，从第三年起才开始拿集体补助。也就是说，劳动者失业后的前两年肯定衣食无忧。不过，高福利下企业面临不断上升的用工成本，部分企业将业务外包或外迁。

根据法国劳工部公布的数据，法国的失业率持续上升。1981年法国的失业率在6%左右；到1994年上升到12.3%，青年失业率更是高达25%；到2010年第二季度法国的本土失业率为9.3%，其中15~24岁年轻群体的失业率为24.1%，25~49岁群体的失业率为8.9%，49岁以上群体的失业率为6.3%；2012年至2015年6月，法国的失业率从9.8%继续攀升至10.2%[1]，青年失业率依然在20%以上。

---

① 刑雪.法国失业率屡创新高［N］.人民日报，2015-08-10.

【教学目标】

本案例的学习要求学生在深刻理解劳动力供给决策原理的基础上，分析劳动力市场相关政策、制度等对劳动力供给决策的影响，旨在提升学生运用劳动力供给理论分析实际劳动力市场中存在的问题的能力。

【案例讨论】

1. 请结合劳动经济学相关理论分析，绘图分析德国的这种高福利会对劳动力供给产生什么影响？

2. 针对这种不利的影响，政府应该采取什么措施？

【理论运用】

劳动力供给决策理论

预算约束线的变化与劳动力供给

【分析思路】

1. 欧洲国家较高的社会保障水平使得劳动力市场的稳定性提高，但灵活性下降，不利于劳动力积极地返回劳动力市场，可能会使得劳动力的供给不足。具体分析如图 3-3 所示：如果社会保障水平过高，会使得个人的

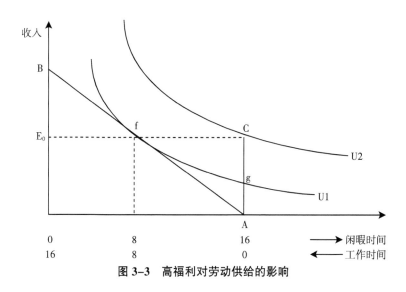

图 3-3　高福利对劳动供给的影响

预算约束线呈"钉子"型（预算约束线由 AB 变成 BAC），个人的最大效用可能出现在 C 点，即个体会选择不工作从而实现个人的效用最大化，这样就不利于积极就业政策的实施。

2. 从以上案例可以看出：对那些产生"钉子"的计划，政策制定者所能采取的最好的办法是将工作津贴确定为以前工资报酬的一定比例，或者通过其他措施降低失业者的救济水平，然后运用管理手段促使那些不工作效用更大的人去工作。

【案例 3-3】黑死病蔓延下的 14 世纪欧洲劳动力市场

660 多年前，黑死病在整个欧洲蔓延，这是欧洲历史上最为恐怖的瘟疫。1348~1352 年，黑死病把欧洲变成了"死亡陷阱"，黑死病使得欧洲人口减少 2500 万左右。黑死病，实际上就是鼠疫。鼠疫的症状最早在 1348 年由一位名叫博卡奇奥的佛罗伦萨人记录下来：最初症状是腹股沟或腋下的淋巴肿块，然后胳膊上和大腿上以及身体其他部位会出现青黑色的疱疹，这也是黑死病得名的缘由；极少有人幸免，几乎所有的患者都会在 3 天内死去，通常无发热症状。

欧洲文学史上最重要人物、意大利文艺复兴时期人文主义的先驱薄伽丘在其瘟疫题材巨著《十日谈》中描写了病人怎样突然跌倒在大街上死去，或者冷冷清清在自己的家中咽气，直到死者的尸体发出了腐烂的臭味，邻居们才知道隔壁发生的事情。旅行者们见到的是荒芜的田园无人耕耘，洞开的酒窖无人问津，无主的奶牛在大街上闲逛，当地的居民却无影无踪……

黑死病的影响被称为市场要素理论的一场可怕的自然实验。黑死病使欧洲人口锐减，大约减少 1/3 左右，从而劳动力的数量大规模减少，劳动力的供给十分紧张。在黑死病发生以前，大约每公顷土地平均由 2 个人耕种；但黑死病发生以后，平均每公顷土地还不足 1 个人。与此同时，工资率大幅上升。虽然我们难以获得当时工资率增长的可靠数据，但是许多研究者认为，短短的 3~4 年时间里欧洲工资率上升了 50%~100%，比如：1348 年打谷者的日工资率 2.5 便士，而 1350 年是 4.5 便士；1348 年割草者的每英亩工资率是 5 便士，而 1350 年是 9 便士。

经济史学者通常认为：黑死病造成的劳动力短缺，显著提高了当时欧洲的工资水平，这种影响一直延续到 15 世纪。同时，由于农民收入的上升，逐渐又产生了一种现象，越来越多的人倾向于减少劳动时间，耕种更少的土地，这使得劳动的供给量进一步减少。

【教学目标】

本案例的学习目的是通过案例分析使学生进一步深刻理解影响劳动供给的因素、工资率的影响因素以及个体劳动时间决策机制。

【案例讨论】

1. 请结合劳动经济学理论，分析黑死病对欧洲当时的劳动力供给曲线的影响。

2. 请运用劳动经济学理论进一步分析黑死病对当时欧洲工资率的影响。

3. 请运用劳动经济学理论分析"由于农民收入的上升，逐渐又产生了一种现象，越来越多的人倾向于减少劳动时间，耕种更少的土地，这使得劳动的供给量进一步减少。"

【理论运用】

劳动力供给曲线及其变化

工资率的决定因素

收入效应

替代效应

【分析思路】

1. 黑死病使得欧洲的劳动供给曲线向左上方移动。

2. 在其他因素不变的情况下，随着劳动供给曲线向左上方移动，均衡工资率会上升，均衡就业量会下降。

3."由于农民收入的上升，逐渐又产生了一种现象，越来越多的人倾向于减少劳动时间，耕种更少的土地，这使得劳动的供给量进一步减少。"这种现象主要是因为个人的劳动供给曲线向后折弯。随着农民收入的上升同时产生两种效应：替代效应和收入效应。一方面，随着工资率上升，闲暇成本上升，农民会用劳动替代闲暇，从而劳动供给时间增加；另一方面，随着农民收入上升，产生收入效应（收入效应为负），即减少劳动供给时间。随着工资率上升，如果收入效应大于替代效应，就会减少劳动供给时间。

【习题】

（一）名词解释

劳动供给　劳动力　劳动参与率　无差异曲线　预算线　收入效应
替代效应　人口扶养比

（二）单项选择题

1.劳动供给的无差异曲线向原点凸起，且左边比右边陡峭，这种形状说明（　　）。

A.货币收入越高，工作时间越少

B.货币收入越高，闲暇时间越多

C.货币收入越高，对闲暇时间的替代越难

D.货币收入高、低，对闲暇时间无影响

2.工资率的变化会引起（　　）。

A.仅收入效应　　　　　　　B.仅替代效应

C.工作时间不变　　　　　　D.同时产生收入效应和替代效应

3.非劳动收入的增加会使劳动者的效用水平（　　），并（　　）劳动力供给时间。

A. 提高、增加   B. 提高、减少

C. 降低、增加   D. 降低、减少

4. 市场上某种工人的工资从 8 元/小时上升到 12 元/小时，其供应量从 10000 人上升到 14000 人，则该种劳动力的供给曲线 （   ）。

A. 富有弹性   B. 缺乏弹性   C. 无弹性   D. 有单位弹性

5. 工资率上升的收入效应导致闲暇消费的 （   ），而其替代效应导致闲暇消费的 （   ）。

A. 减少、减少   B. 减少、增加

C. 增加、减少   D. 增加、增加

6. 劳动力需求曲线右移，供给曲线左移，肯定会导致 （   ）。

A. 均衡就业量下降   B. 均衡就业量上升

C. 均衡工资率下降   D. 均衡工资率上升

7. 当 W（工资率）上升时，劳动者的劳动时间会 （   ）。

A. 有可能增加也有可能减少   B. 减少

C. 不变   D. 增加

8. 预算线斜率的绝对值等于 （   ）。

A. 工资率   B. 边际替代率   C. 边际成本   D. 边际收益

9. 水平形状的劳动力供给曲线的弹性为 （   ）。

A. 0   B. 1   C. 正无穷   D. 不确定

10. 劳动时间与闲暇时间两者之间是 （   ）关系。

A. 此消彼长   B. 正相关   C. 不相关   D. 负相关

11. 按照劳动经济学的观点，假设其他因素不变，个人非劳动收入增加对劳动力参与率的影响是 （   ）。

A. 使劳动力参与率降低

B. 使劳动力参与率上升

C. 使劳动力参与率不变

D. 与工资水平上升对劳动力参与率的影响方向相同

12. 劳动者进行劳动供给决策的目标是（　　）。

A. 闲暇最大化　　　　　　　　B. 收入最大化

C. 长期财富最大化　　　　　　D. 效用最大化

13. 在影响劳动力供给的诸多因素中，最为主要的因素是（　　）。

A. 市场工资率　　　　　　　　B. 非劳动收入

C. 家庭性因素　　　　　　　　D. 个人偏好

14. 劳动力供给等于（　　）。

A. 劳动力数量×劳动力的时间

B. 劳动力数量×劳动力的效率

C. 劳动力数量×劳动力的时间×劳动力的效率

D. 劳动力数量＋劳动力的时间＋劳动力的效率

15. 与横轴呈垂直形状的劳动力供给曲线的弹性为（　　）。

A. 0　　　　　B. 1　　　　　C. 正无穷　　　D. 不确定

16. 下列有关"向后弯的劳动供给曲线"的陈述，表述正确的是（　　）。

A. 工资较低的时候，收入效应与替代效应同方向

B. 工资较高的时候，收入效应超过替代效应

C. 工资较低的时候，收入效应超过替代效应

D. 工资较高的时候，收入效应与替代效应同方向

17. 如果某种劳动力供给弹性系数等于零，则该劳动力供给弹性为
（　　）。

A. 无弹性　　　B. 单位弹性　　　C. 缺乏弹性　　　D. 富有弹性

18. 边际技术替代率是（　　）。

A. 等成本线的斜率　　　　　　B. 等产量线的斜率

C. 预算约束线的斜率　　　　　D. 无差异曲线的斜率

19. 劳动力参与率 M 形周期变化规律表现的是（　　）。

A. 男性劳动力参与率   B. 女性劳动力参与率

C. 青年劳动力参与率   D. 老年劳动力参与率

20. 由于股票价值的上升而导致非劳动收入增加将会引起（   ）。

A. 纯替代效应   B. 纯收入效应

C. 同时产生收入效应和替代效应   D. 没有收入效应，也没有替代效应

21. 某国外经济学家指责本国政府不仅未能促进经济繁荣，而且在一定程度上掩盖了该国的真实失业水平，因为一部分劳动者由于找不到工作而不得不退出了劳动力市场。因此，尽管官方公布的失业率为 6%，但如果将隐性失业者考虑在内，真实的失业率将达到 10%，这位经济学家实际上指出了（   ）。

A. 在经济衰退时期会出现附加的劳动者效应

B. 在经济繁荣期会出现附加的劳动者效应

C. 在经济衰退时期会出现灰心丧气的劳动者效应

D. 在经济繁荣期会出现灰心丧气的劳动者效应

22. 附加工人效应和沮丧效应的存在表明（   ）。

A. 劳动力供给是有生命周期的   B. 劳动力需求是有生命周期的

C. 劳动力供给是有经济周期的   D. 劳动力需求是有生命周期的

（三）多项选择题

1. 结合图 3-4（其中 Y 代表收入），下列说法正确的是（   ）。

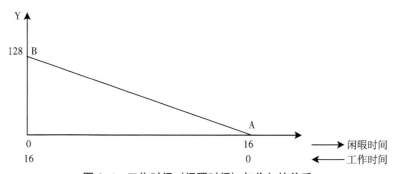

图 3-4   工作时间（闲暇时间）与收入的关系

A. 预算线的斜率绝对值＝工资率

B. 当工资率上升时，预算线向上平移

C. 当工资率上升时，预算线向下平移

D. 当工资率上升时，预算线绕着 A 点向上转动

E. 当工资率上升时，预算线绕着 A 点向下转动

2. 下列人口，属于劳动力的是（　　）。

A. 精神病医院的病人

B. 被监禁的具有劳动能力的人

C. 有职业但并未工作（在休假）的人

D. 失业者

E. 正在工作的人

3. 下列关于劳动力参与率的论述，正确的有（　　）。

A. 劳动力参与率是测度劳动力供给的指标

B. 劳动力参与率是测度劳动力质量的指标

C. 教育事业的发展会影响劳动力参与率

D. 社会保障制度对劳动力参与率有影响

E. 经济处于衰退期，可能会使劳动力参与率降低

4. 影响劳动力供给的主要因素有（　　）。

A. 人口规模　　　B. 企业目标　　　C. 社会制度

D. 风俗习惯　　　E. 年龄结构

5. 工资率的高低代表闲暇机会成本的高低，那么（　　）。

A. 闲暇的机会成本越高，人们选择闲暇的可能性越小

B. 闲暇的机会成本越高，人们选择闲暇的可能性越大

C. 工资率降低，替代效应会使得人们减少工作时间

D. 工资率升高，替代效应会使得人们减少工作时间

E. 工资率升高，收入效应会使得人们减少工作时间

6.下列关于无差异曲线的论述，正确的是（　　）。

A. 无差异曲线的形状随主体偏好不同而不同

B. 同一主体的无差异曲线不能相交

C. 离原点越远的无差异曲线所代表的效用越低

D. 在同一平面上，有无数条无差异曲线

E. 无差异曲线的斜率为正

7. 当工资率下降，收入效应和替代效应的关系为（　　）。

A. 收入效应大于替代效应时，工作时间减少

B. 替代效应大于收入效应时，工作时间增加

C. 收入效应小于替代效应时，工作时间减少

D. 替代效应小于收入效应时，工作时间增加

E. 替代效应小于收入效应时，工作时间不变

8.（　　）属于劳动经济学中的非劳动收入。

A. 工资率上涨带来的收入　　　　B. 彩票中奖的收入

C. 接受捐赠　　　　　　　　　　D. 遗产继承

E. 以上都不对

9. 按照劳动经济学观点，全职家庭主妇属于（　　）。

A. 失业者　　　　　　　　　　　B. 劳动力资源

C. 就业者　　　　　　　　　　　D. 非经济活动人口

E. 经济活动人口

10. 依据劳动经济学观点，在其他条件不变的情况下，高校扩招对劳动参与率的影响是（　　）。

A. 使青年劳动力参与率降低　　　B. 使青年劳动力参与率上升

C. 没有影响　　　　　　　　　　D. 很难确定

E. 使整体的劳动力参与率降低

11. 下列关于概念范围表述正确的是（　　）。

A. 人口资源＞劳动力资源＞人才资源

B. 劳动力资源＞经济活动人口＞就业人口

C. 劳动力资源＞经济活动人口＞失业人口

D. 人口资源＞劳动力资源＞非经济活动人口

E. 人口资源＞非经济活动人口＞劳动力资源

12. 下列属于在业者的是（　　　）。

A. 家庭妇女　　　　B. 劳动教养人员　　　　C. 农民工

D. 在校大学生　　　E. 带薪休假的人员

13. 关于家庭生产理论的说法，正确的是（　　　）。

A. 家庭生产理论认为劳动力供给决策的主体是家庭而不是单个的劳动者

B. 家庭生产理论将家庭物品视为家庭的直接效用来源

C. 家庭生产理论认为家庭会根据比较优势原理来决定家庭成员的时间利用方式

D. 家庭生产理论认为一个家庭需要做出的重要决策之一是：家庭成员需要将多少时间用于市场工作，多少时间用于家庭生产

E. 家庭生产理论是一种劳动力需求理论

14. 某城市汽车生产工人的劳动力市场当前处于均衡状态，汽车生产工人的市场工资率为 25 元/小时，但由于该市最近增加了两家新的汽车生产厂，导致当地对汽车生产工人的劳动力需求出现了大规模增长，由于劳动力供给短期内无法快速增加，因此该市很可能会出现的情况是（　　　）。

A. 汽车生产企业要想获得足够的劳动力，就必须支付 25 元/小时以上的工资

B. 汽车生产企业只要支付 25 元/小时的工资就能够满足自己的劳动力需求

C. 汽车生产工人劳动力市场的均衡就业量会上升

D. 汽车生产工人劳动力市场的均衡工资水平会大幅度下降

E. 汽车生产工人劳动力市场的均衡工资水平会上升

(四) 判断题

1. 当工资率上升时，预算约束线向上平移。（　　　）

2. 当劳动者获得一笔非劳动收入时，其预算约束线会平移。（　　　）

3. 劳动参与率 = 劳动力/总人口。（　　　）

4. 人口的自然结构会对劳动供给产生影响。（　　　）

5. 个人的劳动供给曲线是一条向右上方倾斜的曲线。（　　　）

6. 市场的劳动供给曲线是一条向右上方倾斜的曲线。（　　　）

7. 劳动力需求曲线左移，会使得均衡工资率上升，均衡就业量下降。
（　　　）

8. 在劳动供给不变时，劳动力需求增加，必须相应地增加劳动力工资，劳动力市场才能达到新的均衡。（　　　）

9. 影响劳动力供给的因素包括三方面：劳动力的数量、劳动力工作时间、工作效率。（　　　）

10. 与工作狂相比较，闲暇偏好者的无差异曲线更为平缓。（　　　）

11. 按照国际标准，劳动力包括就业者和失业者。（　　　）

12. 劳动参与率是指就业者在总人口中的比例。（　　　）

13. 影响劳动供给的因素主要是劳动者的工作效率。（　　　）

14. 非劳动收入是一种不劳而获的收入。（　　　）

15. 如果 Jelly 的工资率由 6 美元/小时上升到 7 美元/小时，同时她决定增加工作时间，则可知其替代效应大于收入效应。（　　　）

16. 一个家庭会把它生产出来的商品视为是效用的直接来源。（　　　）

(五) 简答题

1. 影响劳动供给的因素有哪些？

2. 请简述无差异曲线的特征。

3.请简述预算线的特征。

（六）作图分析题

1.假设政府正在考虑下列几种选择，以保证能对穷人提供法律服务：

（1）要求律师将其工作时间的 4% 免费提供给穷人，为其服务；

（2）要求律师为穷人提供 200 小时的免费服务；

（3）某一年收入超过 60 万元的律师要捐出 6000 元给政府设立基金以帮助穷人。

请作图分析上述三种方案对律师工作时间的影响（画出每一种方案下的预算约束线，有助于分析）。

2.请作图分析工资率变动时，收入效应和替代效应对劳动供给时间变动的影响。

3.图 3-5 是男性、女性劳动力参与率生命周期，试分析男性和女性劳动力参与率的生命周期有何不同。

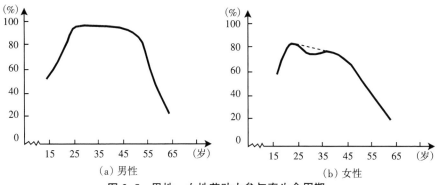

图 3-5 男性、女性劳动力参与率生命周期

（七）计算题

1.假设一地区总人口有 1 亿，其中 700 万人失业但在积极地寻找工作，1500 万人在 16 岁以下或被制度限制，2500 万人符合工作条件但不参与劳动，5300 万人就业，劳动参与率是多少？

2.已知某城市劳动年龄人口的劳动参与率为 65%，劳动年龄人口为

600 万，试求这个城市的劳动力人口数量。

3. 假定劳动力市场的需求函数 DL = 3500 – 20W，劳动的供给函数为 SL=50W，其中 SL 和 DL 分别为劳动力市场的供给人数和需求人数，W 为工资率，求劳动力市场均衡的就业人数。

4. 在某一劳动力市场，当工资率为 10 元/小时，劳动力供给为 10 万人；当工资率为 12 元/小时，劳动力供给为 11 万人。根据上述资料，计算劳动力供给弹性。

5. 表 3–3 是某地区某年末人口统计数据。

表 3–3 某地区某年末各年龄段人口统计数据

单位：万人

年龄段	男性		女性	
	人口数	劳动力人口数	人口数	劳动力人口数
16~24 岁	22	8	21	6
25~34 岁	28	27	28	26
35~44 岁	32	32	33	31
45~54 岁	30	28	29	26
55~64 岁	37	34	37	2

根据表中数据：

（1）分别计算 16~24 岁年龄段和 25~34 岁年龄段的总人口劳动参与率（保留两位小数）。

（2）比较（1）中两个年龄段劳动力参与率的高低情况并分析可能存在的原因。

【习题参考答案】

（一）名词解释

劳动供给：指劳动者提供的劳动数量，其测量指标是人—小时数，指在一定时间内一定数量的劳动者为市场提供的劳动时间。影响劳动供给数量的因素有两个：

一是在市场上从事或正在寻找有酬工作的人数——劳动力；二是每个劳动力愿意提供给市场的工作时间。

劳动力：指在一定年龄范围内，具有劳动能力和劳动要求，愿意参加付酬的市场性劳动的全部人口。

劳动参与率：反映一个国家或地区的劳动供给情况，它等于劳动力人口与劳动年龄人口之比。

无差异曲线：是指能给消费者带来相同满足程度或效用的所有闲暇和收入的组合点的轨迹。

预算线：在既定的市场工资率条件下，单个消费者所能够提供的收入和工作时间的各种组合。

收入效应：在保持工资率（W）不变的条件下，收入变动（ΔY）所引起的工作时间变动（ΔH）的比例。

替代效应：指在保持效用水平不变的情况下，因工资率的变化而引起的愿意工作的时间的变化。

人口扶养比：指总体人口中非劳动年龄人口数与劳动年龄人口数之比，通常用百分比表示。说明每 100 名劳动年龄人口大致要负担多少名非劳动年龄人口。

（二）单项选择题

1. C　2. D　3. B　4. B　5. C　6. D　7. A　8. A

9. C　10. A　11. A　12. D　13. A　14. C　15. A　16. B

17. A　18. B　19. B　20. B　21. C　22. C

（三）多项选择题

1. AD　　2. CDE　　3. ACDE　　4. ACDE　　5. ACE

6. ABD　　7. CD　　8. BCD　　9. BD　　10. AE

11. ABCD　　12. CE　　　13. ABCD　　　14. ACE

（四）判断题

1. ×　　2. √　　3. ×　　4. √　　5. ×　　6. √　　7. ×　　8. √

9. √　　10. ×　　11. √　　12. ×　　13. ×　　14. ×　　15. √　　16. √

（五）简答题

1. 影响劳动供给的因素有哪些？

答：影响劳动供给的因素有：自然因素、经济因素、社会制度因素。其中自然因素包括：人口规模，人口的自然结构（性别、年龄、民族），劳动者个人的身体条件。影响劳动供给的经济因素包括：劳动者的工作偏好，经济周期波动。影响劳动供给的社会制度因素包括：劳动制度，工资制度。

2. 请简述无差异曲线的特征。

答：无差异曲线具有以下特征：具有负的斜率；凸向原点；存在着一个无差异曲线组合图；任意两条无差异曲线不会相交；针对不同的消费者来说，无差异曲线具有不同的形状。

3. 请简述预算线的特征。

答：预算线具有以下特征：

第一，斜率为负。第二，预算线的斜率绝对值等于工资率。第三，当工资率变化时，预算线也随之发生变化。当工资率上升时，预算线向上转动；当工资率下降时，预算线向下转动。第四，当存在非劳动收入时，预算线将沿着 Y 轴平行向上移动。

（六）作图分析题

1. 方案一：要求律师将其工作时间的 4% 免费提供给穷人，为其服务，相当于工资率下降，因此预算约束线往下转动，从 BA 向下转动到 CA（见图 3-6），既产生收入效应又产生替代效应：收入效应使得工作时间增加；替代效应使得工作时间下降。但律师的工作时间可能上升也可能下降，这取决于收入效应与替代效应孰大孰小。

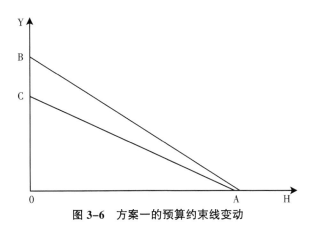

图 3-6　方案一的预算约束线变动

方案二：要求律师为穷人提供 200 小时的免费服务，相当于对外捐赠一个固定收入，产生收入效应，因此预算约束线往下平移，从 BA 向下平移到 CD（见图 3-7），律师的工作时间增加。

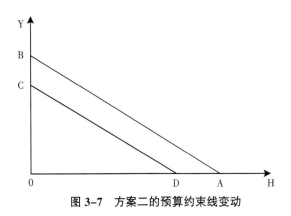

图 3-7　方案二的预算约束线变动

方案三：某一年收入超过 60 万元的律师要捐出 6000 元给政府设立基金以帮助穷人，可能产生以下情况：当收入低于 60 万元时，工作时间没有什么影响；当收入超过 60 万元时，产生收入效应，预算约束线从 BX 向下平移到 CD（见图 3-8），律师的工作时间增加。

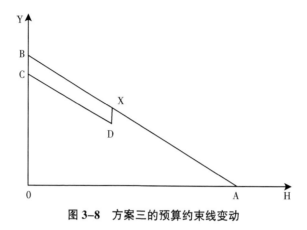

图 3-8　方案三的预算约束线变动

2. 当工资率变动时，收入效应和替代效应对劳动供给时间变动的影响如图 3-9 和图 3-10 所示，两图描述了两个不同劳动者的情况。

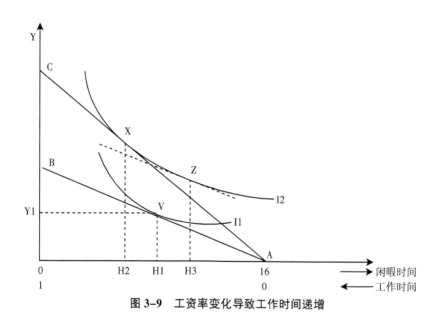

图 3-9　工资率变化导致工作时间递增

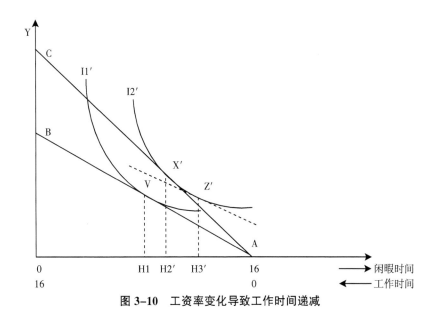

图 3-10　工资率变化导致工作时间递减

　　起初，均衡点均为 V 点，随着工资率上升，预算线绕着 A 点向上旋转，由 AB 到 AC，在图 3-9 中，新的均衡点为 X，在图 3-10 中，新的均衡点为 X′。

　　那么，工资率的上升会导致工作时间怎样变化呢？

　　在图 3-9 中，工作时间从每周 H1 上升到 H2；在图 3-10 中，工作时间从每周 H1 下降到 H2′。

　　所以工资率变化的结果有可能使工作时间上升或者下降。

　　建立一条假想的补偿性预算线。假设 W 不变，增加收入，则预算线向上平移分别至 Z 点和 Z′点，所以纯收入效应为：工作时间从 H1 下降到 H3（H3′）。

　　保持劳动者的购买效用水平不变（无差异曲线不动），提高 W，预算线转动，产生新的切点：X 点和 X′点，所以纯替代效应为：工作时间从 H3（H3′）增加到 H2（H2′）。

　　对于图 3-9 中的劳动者来讲，替代效应＞收入效应——劳动时间增加。

对于图 3–10 中的劳动者来讲，替代效应 < 收入效应——劳动时间减少。

所以工作时间实际上是增加还是减少依赖于替代效应与收入效应的相对强度大小。

3. 从图 3–5 中可以看出：①一般男性的劳动参与率高于女性劳动参与率；②女性劳动参与率呈"M"型；③整体劳动参与率基本都呈倒"U"型。

（七）计算题

1. 劳动力人口 = 失业人口 + 就业人口

劳动参与率 = 劳动力人口/劳动年龄人口 × 100% = （5300 + 700）/（10000 − 1500）= 70.6%

或：

劳动参与率 = （5300 + 700）/（5300 + 700 + 2500）= 70.6%

所以，该地区的劳动参与率为 70.6%。

2. 劳动参与率 = 劳动力人口/劳动年龄人口 × 100%

劳动力人口 = 劳动年龄人口 × 劳动年龄人口劳动参与率 = 600 万 × 65% = 390 万

3. 均衡的劳动力市场，即：

DL = SL

3500 − 20W = 50W

3500 = 70W

W = 50

劳动力市场均衡的人数为 DL = 3500 − 20W = 2500（人）。

4. 劳动力供给弹性 = [（11 − 10）/10] / [（12 − 10）/10] = 0.1/0.2 = 0.5

即供给弹性为 0.5。

5.（1）16~24 岁年龄段劳动参与率 = 该年龄劳动力人口/劳动年龄人口

$$= （8 + 6）/（22 + 21）$$

$$= 32.56\%$$

25~34 岁年龄段劳动参与率 = 该年龄劳动力人口/劳动年龄人口

$$= (27 + 26)/(28 + 28)$$

$$= 94.64\%$$

（2）很明显可以看出 25~34 岁年龄段的劳动参与率比 16~24 岁年龄段的劳动参与率要高，这可能主要是因为 16~24 岁年龄的个体中有相当一部分人在接受教育，尚未进入劳动力市场。

第四章 人力资本理论

【专题案例】

【案例4-1】 农业人力资本投资对美国农业发展的影响[①]

区别现代农业与传统农业的重要一点就在于科学技术对稀缺资源的替代，而农民素质的提高又是农业由以资源为基础转向以科技为基础的关键一环。发达国家，尤其是美国，普遍重视对农民的教育。美国建立了一整套关于农业教育和农民教育的法律、法规，重视农业在国民经济中的战略地位。美国著名经济学家西奥多·舒尔茨（Theodore Schultz）认为，一个亦步亦趋仿效其父辈种田的人，无论土地多么肥沃，劳动何等艰苦，只能取得微薄的收获；但一个懂得如何科学地利用土壤、植物、动物与机器的农民，即使在不毛之地上也能生产出丰硕的食物，且他也无须干得时间太长、太辛苦。

美国农业人力资本投资大致可以划分成三个阶段。第一个阶段是萌芽时期。可追溯到1857年，莫里尔向美国国会提议，要求联邦政府分地给

---

① 侯晓娜，魏红梅.美国农业人力资本投资对美国农业发展的影响［J］.世界农业，2014（2）：164-167.

各州，用来建立农业与机械学院，以此增加对从事农业人口的人力资本投入，提高美国农民的整体素质。经过5年的时间，该法案反复修改，终于在1862年5月顺利通过。由于这个法案需要联邦政府拨地支持，所以也称《赠地法案》。1887年，美国国会又通过了《哈奇法案》，该法案主要是为了解决农业生产的地域性问题，有针对性地对各地区农业进行研究，更好地为农民谋利，为农业发展服务。这个时期建立了许多农业试验站，这些农业试验站主要是为了本地的农业发展而建立的。第二个阶段是兴起时期。在这个时期，人们意识到简单的高等教育已经不能满足农业发展的需求，需要对农民进行更加全面的教育，特别是专门的农业知识教育。同时，只是研究技术也不能将科研成果推广到农民那里，所以美国政府采取了几项有代表性的措施。首先，一些流动性的教育广泛开展起来，如短期培训班、巡回讲习班、流动图书馆等。据有关资料显示，仅1902年就有3万多农民参加了阅读课程，2.6万人参与了园艺课程的学习。这个数字是十分惊人的，这些措施为提高农民的人力资本水平起到了十分重要的作用。其次，为保障推广工作的顺利展开，美国国会于1914年通过了《史密斯—利费法》推广法。该法律的正式实施使农业推广工作有了政策上的支持以及财政上的补贴，农业推广工作进行得更加顺利，推广的效果更加明显。当时，美国在全国3500所中学设置了农业职业教育的课程，使学生从中学开始就可以接触到农业技能以及基础知识的教育；此外，美国政府还专门设立农业中学，给了学生以及家长更多的选择空间，学生可以在中学教育阶段选择是上普通的中学还是具有专业性质的农业中学，方向更加明确。第三个阶段是发展时期。这个时期的美国对农民人力资本投入的方式多样、方法丰富。例如，美国在1928年创建了未来农民联合会，该联合会主要是为了提高中学生对农业的兴趣，增加中学生的农学知识，为培养未来高素质农民铺路。再如，美国政府举办的农民集会或农业展览会，它由各级政府每年在冬季农闲时举办一次，一般是带有娱乐性质的，寓教于乐。这些会议会开展知识竞答等活动，使农民在娱乐中学到知识；通常还会邀请一些研究人员参加，宣讲农业知识。这样不仅提高了农民的农业知识，也使全社会更加重视农业和农民教育问题。

美国对农业人力资本的投资总体上讲是十分成功的，而且对促进美国农业发展产生了积极而深远的影响。主要体现在以下几个方面：

（1）大幅提高了美国农民整体受教育水平和教育技能。根据美国农业部 1970~1990 年对美国 25 岁以上农民受教育情况的调查资料显示，随着时间的推移，大学毕业的农民由 1970 年的 5.3%增长到 1990 年的 10.8%，提高幅度为 1 倍以上。而未接受过高中教育的农民占比从 56.1%下降到 32.9%，降低了 23.2 个百分点。由此可见，美国农民的受教育程度有显著的提高。

（2）提高了美国农业劳动生产率水平。在美国，从事农业生产的人口只占全国总人口的 3.1%，而提供的谷物数量却占据世界总量的 20%左右。因为对农业人力资本的大量投入使得美国农民教育水平得到巨大提升，有效提高了美国农业劳动生产率水平。据有关资料显示，美国的农业劳动耗时从 1940 年约为 10665 亿小时到 2000 年不到 2471 亿小时，60 年的时间里下降幅度达到 76.8%。其中，种植业下降了 157 亿小时，畜牧业则显著地从 10460 亿小时下降到 2421 亿小时。值得一提的是，农业劳动耗时下降并没有降低人均供养人数，人均供养人数这一指标反而显著增长。1940 年美国农业劳动力人均供养人数为 10.7 人，到 2000 年这一指标增长到 124 人。

（3）提高了美国农业的科学化和机械化水平。美国农民教育中注重对农民进行机械化、化学化工和生物技术的教育和培养，各种先进的科学技术对美国农业现代化起到极大的促进作用。曾经有专家提出，美国在 19 世纪 30~80 年代的农业产量增加以及劳动生产率的提高，很大程度上都源于对农业科学的研究和对农业人力资本的大量投入。与此同时，农业技术的推广也使农民获得新的知识并从中获益。

（4）农业发展带来了农村生活条件的改善。改善源于对农民人力资本的投入，促使美国农民素质提高，农业科学水平以及农村经济获得巨大发展，农民的收入也得到了显著的改善。收入增加使农民有多余的钱来改善自己的生活条件，农民看到了实实在在的好处反过来更加支持政府的政策，在农业推广方面更加积极和主动。例如，为了使农村电力使用更加普遍，大量的推广人员深入农村向广大农民宣传家庭电力的使用，美国政府也专门发放贷款，使得农村电力普及得很快。

【教学目标】

通过对案例学习使学生认识宏观层面的人力资本存量对于国家发展的重要作用，深化对人力资本理论的理解。

【案例讨论】

美国农业人力资本投资战略对中国的启示。

【理论运用】

人力资本的含义

人力资本投资的作用

【分析思路】

美国利用农业人力资本投资极大地促进了农村经济的发展以及美国农业文明的进步，这对中国这个人口大国无疑是一个榜样，其发展的经验对中国农业发展有许多有益的启迪，值得中国借鉴：第一，进一步提高中国农业战略地位，完善中国农民教育体系和法律制度；第二，加强财政对农业的投入力度，增加中国农民教育和农业技术推广经费；第三，完善中国农业教育师资队伍建设，提高培训人员整体素质；第四，农业教育要从小学生抓起，实行产学结合，培养学生对农业的兴趣；第五，实行农民资格证书制度，强化提高农民人力资本水平。

【案例4-2】人力资本积累可助推中国跨越"中等收入陷阱"①

所谓"中等收入陷阱",指很多新兴市场国家在初期发展很快,但当经济快速发展到一定阶段后(一般是人均收入超过3000~4000美元),由于严重社会不公和两极分化以及经济没有及时转型,从而在发展上陷入停滞和长期低迷状态,甚至出现严重的社会动荡。世界银行2007年首次提出了"中等收入陷阱"概念,对新兴市场国家的发展敲响警钟。

今天,"中等收入陷阱"并不是与中国毫无关系的其他少数国家的特例。从中国经济社会发展的现实来看,中国早期高速增长的模式由于资源、环境、人口、技术进步等各方面的压力将难以继续,但是新兴产业没有发展起来,经济转型没有成功。中国当前的高速增长过于依赖资本、资源和人力要素投入,但是随着资本投入效率不断恶化以及资源和人口红利的消失,这一模式已经难以持续。蔡昉认为如果找不到应对人口红利消失的办法,中国将迎来"刘易斯拐点",而"拐点"后面就是"陷阱"。但是中国并没有发展起经济转型所必需的新兴产业,服务业在经济中所占比重一直偏低,而且低于处于相同阶段的发展中国家的水平,经济发展后劲不足和"中等收入陷阱"的先兆已经显现出来。

因此,如何成功跨越"中等收入陷阱"不再是离中国很远的事情,而是迫在眉睫的现实。"中等收入陷阱"有两个典型标志:一是经济没有及时转型,二是严重的社会问题,而第二个问题往往又是由第一个问题激化的。因为一旦陷入"中等收入陷阱",社会稳定、政治稳定均将成为往事。从拉美、泰国、菲律宾和马来西亚失败的经验以及日本、韩国、新加坡成功的经验比较来看,跨越"中等收入陷阱"的关键是经济转型和产业升

---

① 张勇,王慧炯,古明明.发展教育是跨越"中等收入陷阱"的关键——通过发展教育和转型来规避"中等收入陷阱"[J].教育与经济,2012(2):30-34.

级，实现从要素拉动式增长向创新型增长以及以服务业和新兴产业为主的增长模式转型，同时实行对应的政治改革和社会转型，减少社会的矛盾。

经验研究表明，首先，很多国家发展中期陷入"中等收入陷阱"主要是与新兴产业对应的创新能力和科技进步没有跟上造成的，而创新能力最终的载体实际上就是创新型的人力资本，这事实上需要加强人力资本的积累和进步，最终教育系统能否培养出创新型的人才成为新兴产业和经济转型的关键。

其次，避开"中等收入陷阱"还要求加快制度转型和社会转型，成功迈入现代文明社会。一个国家要迈入现代社会不仅仅需要经济转型，还需要制度转型和社会转型，否则即使单纯的经济转型也不可能成功。事实上，教育进步带来的社会人口素质和民主观念的提高又是制度转型和社会转型的最终推动力，也有助于缩小贫富差距，减少社会矛盾。因此，新兴产业和经济转型的最终方向是向创新型增长和全面现代化的社会迈进，而最终的关键取决于教育竞争力的提高和创新型教育的跟进。

最后，跨越"中等收入陷阱"的一个基本前提是成功实现经济转型。现代经济增长和增长转型的一个基本方向是：发展到一定阶段以后，经济系统必须实现从以传统要素投入拉动为主的增长模式，转向以发挥人力资本要素的作用并依赖人力资本积累带来的创新和技术进步为主的增长模式，这是现代经济转型的一个必然方向。新增长理论也认为，在经济增长达到一定阶段后，必须从传统要素积累拉动转向知识积累和技术进步拉动，而技术进步和知识积累事实上取决于教育进步和教育竞争力的提高，因此研究教育对增长和转型的直接作用是研究经济转型和跨越"中等收入陷阱"的一个重要方向和基本思路。

实际上，教育带来的人力资本积累是经济增长最重要的要素之一，教育及其产生的人力积累是国家的主要财富和经济增长的重要因素。研究证明，当发展到一定阶段，人力资本的贡献将大于物质资本的贡献，尤其是对发展中国家而言。教育进步可以带来快速的人力资本积累，从而实现快速的经济增长。同时，教育水平进一步提高所带来的知识积累和技术进步也是经济转型、产业升级并成功跨越"中等收入陷阱"的根本前提。因此，教育和人力资本是国家的重要财富，也与资本和劳动投入一样是经济增长的重要因素之一。根据世界银行估算，大多数国家60%以上的社会财富是由人力资本构成。Lucas指出，人力资本差异是造成国家间产出差异的主要原因。世界银行认为，人力资本的快速积累和技能形成是东亚快速发展的一个非常重要的方面。Stevenson的研究也表明"亚洲价值观"的存在，父母倾向于为子女教育提供强有力的支持，带来亚洲迅速的人力资本积累，并进一步促进了东亚的发展。亚洲开发银行总结了人力资本积累在增长中的具体贡献，包括增加资本回报、提高劳动生产率、促进技术进步并进一步降低贫困。Keeley认为，人力资本是可持续发展的重要推动因素，是技术创新与经济增长的源泉。

【教学目标】

通过对案例学习使学生认识"中等收入陷阱"的现象以及人力资本与"中等收入陷阱"的关系，加深学生理解人力资本对区域经济的重要作用。

【案例讨论】

查阅资料分析当前中国可以采用哪些措施来提升人力资本以跨越"中等收入陷阱"。

【理论运用】

人力资本的含义

人力资本投资的作用

【分析思路】

第一，增加政府公共教育支出的水平，与转型期经济发展水平保持一致。第二，改变目前的过分依靠家庭投入教育的方式，加大政府对教育的公共投入，重点是在基础科学和研究领域以及高等教育层面，以夯实人力资本储备和教育的根基。第三，注重对公共教育投入结构的优化，改善教育不平等状况，推动社会公平和进步，减少两极分化。第四，重视高等教育创新型人才的培养，以适应新的经济发展阶段的人才需要。

【案例4-3】 女性本科生攻读硕士研究生的成本收益分析[①]

近年来，随着教育资本的不断升值，女性接受高等教育的机会也在不断增加，连年的"考研热"更促使越来越多的女性加入考研大军的行列。这虽然在一定程度上有利于女性社会地位的提升，但我们也应当看到，考研人群中充斥着大量以逃避就业现状、缓解就业压力等非学术追求为目的的考生，其中抱有这些想法的女性占了很大比重，这是值得警惕的。从性别人力资本理论来说，鉴于女性的生理特性及所面对的特殊心理压力，女性硕士研究生毕业后的收益是否大于前期投入的稀缺资源，这是值得每一位女性本科毕业生思考的。

一、个人成本

女性本科生进行研究生教育投资的个人成本包括以下几个方面：

（一）直接成本

一般研究生教育为三年。直接成本主要包括三年研究生教育期间的学费、书费及相关的研究费用。在校期间的生活费用不列入此范围之内，因为这部分费用并不受教育制约，即使没有接受研究生教育，这部分费用也是必需的。

（二）机会成本

机会成本是指把一定的社会资源投入某种特定用途后，所放弃的在其他用途中所能够获得的最大收益。所谓"机会"，实际上指的是寻求更大利益的机会，因此放弃的应该是能获得的最大利益。那么女性攻读硕士研

---

① 刘惠娟. 女性本科生攻读硕士研究生的成本收益分析 [J]. 华中师范大学研究生学报，2011(8).

究生的机会成本应为个人因上学而放弃的进入劳动市场所获得的最大收入。虽然在读研期间可以通过做兼职等途径获取一定收益，但此收益非固定收益，并具有不稳定性，因此不在计算范围内。个人所放弃的进入劳动市场可获得的最大收入应相当于研究生同年龄段的本科毕业生在相应时期内的就业收入。这部分隐性成本是个人教育成本中最为重要的部分，虽不直接可见，但可直接进行数量上的比较，在读研究生往往以此作为衡量自己选择研究生教育是否合算的一个标准。

（三）时间成本

对于年轻女性而言，时间成本无疑是相当重要的。根据性别人力资本理论的观点，在整个职业生涯中，女性会因生育、抚养子女等原因暂时退出劳动市场，当再次进入劳动市场时，其具有的人力资本往往会减少甚至失去作用，这使得女性在劳动生产率、职业选择等方面与男性有着一定的差距，这造成了劳动力市场上雇方对女性的歧视。不仅如此，雇方通常认同，男女自然生理上的差异会在一定人力环境中转化为劳动能力上的男强女弱，也就是所谓的"性别极差"的存在。男性自然劳动能力高出女性的性别极差，可以使得男性在同等教育水平下相对于女性而言优先符合就业条件，而女性要符合相同的就业条件就需要相对于男性而言更高的人力资本投资，也就是接受更多的知识或技能教育。即使这样，在就业之后，男性的工薪收入一般高于教育投资相同也就是学历相同的女性。

（四）心理成本

女性在面对读研还是工作的选择时，其困难如同在事业与家庭中抉择。一旦选择了读研，女性将面对巨大的心理压力，包括学业、家庭、就业的压力等。按照传统性别角色定位，男性应在家庭中承担主要经济责任，除此之外的家庭中其他方面由女性负责。随着时代的发展，家庭中的经济责任往往由男女共同承担，但其他方面还是女性负责。这虽是每一个研究生在学习期间必须面对的，但共性之中必然包含着特性，对于女性而言，这些压力更为巨大。单就学业压力而言，性别的差异使得男女生在思维方式及兴趣爱好等方面存在较大差异，大部分女研究生的知识储备、能力结构、逻辑思维等方面较之男性不足，在综合分析能力和实践操作技能等方面同男性研究生相比也有些许差距。而女性随着年龄的增长对个人形象、对家庭的关注与日俱增，相比较而言对社会的政治形式、经济动态关注较少，这一定程度上影响了女性研究生的学业发展。在学校，由于受传统女性角色定位的影响，教师们对女性研究生的要求相对男性较低，一定程度上反映了社会对女性的低价值期望，而这些往往会影响女性自我价值的实现。

二、个人收益

虽然女性在攻读研究生的过程中所付出的成本有别于男性，某种意义上讲是高于男性的，但三年的学习同样也会给女性带来不小的个人收益，包括经济收益以及非经济收益。

经济收益指的是女性通过投资研究生教育而获得的更多的劳动收入。从工资上说，研究生学历的工资标准应是高于本科生的。但这种纯货币收益在短期内难以体现，刚毕业的研究生的工资收益未必高于已工作三四年的本科生，加上国家经济的发展、物价水平的上涨，单纯从数字上看，毕业后的经济收益未必能达到预期要求。但学历的优势在于其长期效益。随着国家连年出台的高校扩招政策，大批高学历人才涌向市场，本科毕业生在一些中小城市已不属罕见。单就个人发展而言，更高的学历必然意味着更多的职业选择，也必然会带来更高的职业动机性和更好的职业发展前景。虽然女性研究生的工薪收入仍可能低于同学历水平的男性，但相对于自身本科时的工资收益必定有所增加。

对女性而言，非经济收益则显得更为重要。经过研究生阶段的学习，除了个人的理论素养有所提升外，女性自身的世界观、认识观、价值观都将发生微妙的变化，这必然会对女性将要面对的工作问题、婚姻问题、家庭问题等产生影响。这期间通过大量阅读与专业相关的学术书籍，不仅扩充了知识储备量，也使个人在思维方式等方面相对本科时有较大提高。可以说这是个人思想境界得到升华的三年，女性也不例外。通过参加学校中各种形式的讲座、沙龙、论坛等，女性逐步接触到国内外先进的社会思潮，原本固有的性别角色定位会被更为理想的性别定位模式取代。思想的进步必然带来行动的改变，随着学识的积累，女性更容易忽视性别差异因素，从而积极探寻自我价值实现的途径。与此同时，女性的择偶标准也会有所变化，家庭中女性经济地位的提高也使得传统家庭模式被打破，越来越多的女性期望摆脱繁琐的家庭事务，而以知识、事业填充自己的人生。这一系列的非经济收益对女性个人而言是甚为重要的。

【教学目标】

通过案例学习使学生认识微观层面的人力资本投资决策对个体发展的影响，深化对人力资本理论的理解。

【案例讨论】

仿照案例中的分析方法，分析一下硕士研究生进行博士教育决策的成本和收益情况。

【理论运用】

教育投资与回报

教育投资分析模型

【分析思路】

于谨凯、单春红（2002）指出，博士研究生个人进行教育投资的决策，在很大程度上受到教育投资费用水平的影响。对博士研究生教育个人投资者来说，投资的成本包括两个部分：直接成本和间接成本。直接成本指的是博士研究生在接受教育期间直接付出的投资成本，如学费、食宿费、杂费等，它在总投资中仍占有相当大的比例。博士生教育的间接成本包括机会成本，机会成本是指一个人因读博而放弃的劳动收入。一般来说，博士生教育投资的收益是受教育的劳动者将得到较高的劳动力市场收入，包括财务收益、机会选择权收益、财务选择权收益、套头交易收益。财务收益是指因教育增加带来的终生（税后）收入总额；机会选择权收益是因教育对劳动者工作机会的影响而带来的收益；财务选择权收益，即因接受一定程度的教育而取得的进一步深造机会的价值；套头交易收益，即劳动者因接受教育而提高适应环境的能力和减少因技术变迁带来的职业风险的价值。

【习题】

（一）单项选择题

1. 被称为人力资本理论之父的是（　　）。

A. 加利·贝克尔　　　　　　　　B. 萨缪尔森

C. 西奥多·舒尔茨　　　　　　　D. 亚当·斯密

2. 人力资本理论是 20 世纪（　　）建立起来的。

A. 50 年代　　　B. 60 年代　　　C. 70 年代　　　D. 40 年代

3. 人力资本是一个历史范畴，是人类社会发展到（　　）阶段后才产生的。

A. 资本主义　　　　　　　　　　B. 封建主义

C. 知识社会　　　　　　　　　　D. 社会主义社会

4. 人力资本是一个严格的（　　）概念。

A. 经济学　　　B. 管理学　　　C. 社会学　　　D. 人口学

5.（　　）不是人力资本的特点。

A. 间接性　　　B. 同质性　　　C. 迟效性　　　D. 长期性

6.（　　）不属于人力资本投资形式中的在职培训。

A. 一般培训　　　　　　　　　　B. 特殊培训

C. 企业举办的培训班　　　　　　D. 专业职业教育

7.（　　）是知识经济时代的第一经济发展要素。

A. 劳动资本　　　B. 物质资本　　　C. 人力资本　　　D. 货币资本

8. 人力资本作为一种经济学说的思想源远流长，第一次论证了人力资本投资和劳动技能如何影响个人的收入和工资结构的古典经济学家是（　　）。

A. 威廉·配第　　　B. 亚当·斯密　　　C. 萨伊　　　　　D. 李嘉图

9. 在人力资本配置时，考虑的是人力资本所受的专业化教育，那么这种人力资本配置就是（　　）。

A. 一般型人力资本配置　　　　　B. 技能型人力资本配置

C. 组织管理型人力资本配置　　　D. 企业家型人力资本配置

10. 认为学习成绩可以作为人力资本配置的依据，并认为接受同等教育的劳动力，其人力资本在工作上的表现相同的人力资本配置就是（　　）。

A. 一般型人力资本配置　　　　　B. 技能型人力资本配置

C. 组织管理型人力资本配置　　　D. 企业家型人力资本配置

11. 认为教育只在人力资本配置中起基础性作用，人力资本的形成很大程度上依赖于经验和积累，这种人力资本配置就是（　　）。

A. 一般型人力资本配置　　　　　B. 技能型人力资本配置

C. 组织管理型人力资本配置　　　D. 企业家型人力资本配置

12. 现代大量的实证研究表明（　　）是经济增长的源泉。

A. 资本积累的快慢　　　　　　　B. 技术进步

C. 制度创新　　　　　　　　　　D. 人力资本

13. 与教育水平较低的雇员相比，接受过正规教育较多以及在职培训较多的雇员（　　）。

A. 能获得较低的工资率　　　　　B. 总收入较低

C. 一年中工作的时间较多　　　　D. 工作机会较少

（二）多项选择题

1. 关于人力资本正确的说法是（　　　）。

A. 人力资本是一种特殊的劳动力资本，表现为人的智力和体能

B. 人力资本是投资转化来的，没有一定的费用投资不可能形成人力资本

C. 人力资本的使用可以实现经济价值增值

D. 知识资本是对人力资本的拓展

E. 人力资本是由劳动力资本转化而来，它们是不同的范畴

2. 关于人力资本不正确的说法是（　　　）。

A. 人力资本是由劳动力资本转化而来的

B. 人力资本和劳动力资本是同一范畴

C. 人力资本是凝结在人体中的能使价值增值的知识、体力和技能的总和

D. 人力资本是对知识资本的拓展

3. 美国学者斯图尔特提出了知识资本的 HSC 结构，指出知识资本的价值体现在（　　　）三者之中。

A. 劳动力资本 　　　　　　　　　　B. 人力资本

C. 结构资本 　　　　　　　　　　　D. 物质资本

E. 顾客资本

4. 根据能力来划分，人力资本理论把人力资本划分为（　　　）。

A. 一般型人力资本 　　　　　　　　B. 技能型人力资本

C. 管理型人力资本 　　　　　　　　D. 企业家型人力资本

E. 体力型人力资本

5. 人力资本的形成需要投资主体的多元化。有效的投资主体包括（　　　）。

A. 家庭　　　B. 个人　　　C. 企业　　　D. 政府　　　E. 国际有关基金组织

6. 罗默的"收益递增的增长模式"认为（　　　）是经济增长的两个最主要因素。

A. 资本积累　　　　　B. 专业化的人力资本　　　　C. 技术进步

D. 制度创新　　　　　E. 管理

7. 当今的美、英、法等主要西方资本主义国家，人力资本政策的基本内容包括（　　）。

A. 立法制定人力政策　　　　　　B. 教育和培训政策

C. 促进劳动力流动政策　　　　　D. 加强就业服务体系建设政策

E. 反歧视政策

8. 舒尔茨认为人力资本投资的形式有（　　　）。

A. 正规教育　　B. 在职培训　　C. 劳动力流动

D. 成人教育　　E. 健康保健

9. 与物质资本相比，人力资本的特殊性在于（　　　）。

A. 对人身和物质资本的依附性　　B. 再生性

C. 价值的递增性　　　　　　　　D. 数量和质量的难以观察性

E. 主体蕴含的知识和技能的时效性

10. 人力资本投资的形式主要包括（　　　）。

A. 各级正规教育　　　　　　　B. 在职培训

C. 健康保健　　　　　　　　　D. 劳动力流动

E. 终身教育

（三）判断题

1. 人力资本是由劳动力资本转化而来，因此它们是同一个范畴。（　　）

2. 物质资本是同质的，人力资本由于知识、信息、技能等方面存在着差异，它们是非同质的。（　　）

3. 人力资本的度量，只需考虑劳动人口数量和劳动人口质量，不必考虑人力资本的利用程度。计算公式为：人力资本总量＝劳动人口数量×劳动人口质量。（　　）

4. 家庭既是追求效用最大化的消费者，也是具有核算倾向的生产者。

(　　)

5. 人力资本作为一种特殊的生产要素，家庭在生产与人力资本有关的商品时，为了实现效用的最大化，还必须考虑成本与收益问题。(　　)

6. 家庭人力资本形成的规模同人力资本投资物品价格成反比，同储蓄率与消费品价格成正比。(　　)

7. 一个家庭是否对子女进行教育投资和投资多少，取决于贴现收入和贴现成本之间的关系。如果贴现收入大于贴现成本，投资是可行的。(　　)

8. 人力资本的形成从属于物质资本的形成，是物质资本形成需求的派生和引申。(　　)

9. 教育部门是人力资源形成的主要部门，教育体制对人力资本的最终形成起着决定性的影响。(　　)

10. 人力资本作为一种生产要素，它对经济增长的实际贡献，既取决于人力资本形成的多少，也取决于人力资本配置效率的高低。(　　)

11. 人力资本配置概括地说就是"把适宜的人合格地安排到适宜的位置上，防止在位置上的人偷懒"。(　　)

12. 人力资本配置理论解决的是"如何发现人力资本的能力和使其努力工作的问题"。(　　)

13. "不培训就不能就业"，已成为西方发达国家劳动力市场的基本准则。(　　)

14. 劳动力流动是劳动力市场的润滑剂，能促进劳动力资源的充分合理利用。(　　)

15. 反歧视政策的目的是消除劳动力市场的歧视，给劳动力提供公平就业和公平报酬的机会，促进人力资本的优化配置和合理利用。(　　)

(四) 简答题

1. 简述人力资本投资的概念、特征与类别。

2. 舒尔茨人力资本投资理论的主要观点是什么？

3. 在教育投资的成本收益分析中，应注意哪些问题？

4. 普通培训和特殊培训的经济含义是什么？应怎样安排它们的成本和收益？

5. 目前我国人力资本投资存在哪些问题，应采取什么样的措施加以解决？

【习题参考答案】

（一）单项选择题

1. C　　2. A　　3. A　　4. A　　5. B　　6. D　　7. C　　8. B

9. B　　10. A.　11. C　　12. D　　13. C

（二）多项选择题

1. ABCDE　2. BD　　　3. BCE　　4. ABCD　　5. ABCDE

6. BC　　　7. ABCDE　8. ABCDE　9. BCDE　　10. ABCD

（三）判断题

1. ×　　2. √　　3. ×　　4. √　　5. √　　6. ×　　7. √　　8. √

9. √　　10. √　　11. √　　12. √　　13. √　　14. √　　15. √

（四）简答题

1. 简述人力资本投资的概念、特征与类别。

答：概念：人力资本是一种非物质资本，是体现在劳动者身上的，并能为其带来永久收入的能力，在一定时期内，主要表现为劳动者所拥有的知识、技能、劳动熟练程度和健康状况。

特征：①是一种无形资本；②具有时效性；③具有收益递增性；④具有累积性；⑤具有无限的潜在创造性。

类别：①各级正规教育；②在职培训活动；③健康水平的提高；④对孩子的培养；⑤寻找工作的活动；⑥劳动力迁移。

2. 舒尔茨人力资本投资理论的主要观点是什么?

答:舒尔茨把经济增长问题的研究和人力资本联系在一起,代表作为《论人力资本投资》。其观点有:①人力资本存在于人的身上,表现为知识、技能、体力(健康状况)价值的总和,一个国家的人力资本可以通过劳动者的数量、质量以及劳动时间来度量。②人力资本是投资形成的。③人力资本投资是经济增长的主要源泉。④人力资本投资是效益最佳的投资。⑤资本投资的消费部分实质是耐用性的。

3. 在教育投资的成本收益分析中,应注意哪些问题?

答:(1)成本。大学的总成本包括货币成本与非货币成本。货币成本由两部分组成:直接成本与间接成本(机会成本)。直接成本是学杂费、书本费等,是接受大学教育直接发生的费用;间接成本,也称为机会成本,是由于上学而无法去工作而放弃的收入。非货币成本是指由于上大学所承受的心理成本。

(2)收益。上大学的总收益也包括经济收益和非经济收益。经济收益就是从终生收入来看,上大学的人一生得到的收入总量高于没有上大学的人一生得到的收入总量的部分。非经济收益包括由于上大学而得到的社会地位的提高、知识面的扩展所带来的好处等,如生活兴趣更加广泛。

(3)成本与收益的模型分析结论:①其他条件不变,上大学的总成本降低,对上大学的需求将增加;反之,总成本上升,对大学教育的需求下降。②其他条件不变,有大学学历的劳动者与无大学学历的劳动者的收入差别扩大,则要求上大学的人数增加。即收入流的规模会对教育决策产生影响。③年龄是影响决策的因素之一。

(4)影响评估个人教育投资收益的因素:①现实生活中,能力与学校教育在获取高报酬时都能发挥作用。②人们时常忽略了构成报酬的福利部分,或者没有考虑某些工作的心理收益,而这些工作往往能给人愉悦的感受。③个人的职业选择问题。

4. 普通培训和特殊培训的经济含义是什么？应怎么样安排它们的成本和收益？

答：（1）普通培训：培训所获得的技能对多个雇主同样有用，例如教授基本阅读技能、指导秘书如何打字及如何使用文字处理软件等。

企业一般不愿意为员工提供适用性很强的普通培训，这一类培训任务往往交给各类职业技术学校完成。

如果企业提供普通培训，一般是员工在接受培训期间接受一个比本来能获得的工资更低的起点工资。

（2）特殊培训：培训所获得的技能只对提供培训的企业有用，或者说能使提供培训的企业的生产率比其他企业要高得多。在此条件下，员工的辞职率要低于普通培训条件下的员工的辞职率，因为接受培训的员工承担了一部分培训成本，并且由此得到的特殊技能还不被其他企业所接受。同样，企业也不愿解聘员工，此类员工的离去会给企业带来损失。双方协商解决各自承担的成本与获得的收益。

（3）成本收益总结：①在职培训涉及成本和收益。在普通培训下，一个人既负担成本又在以后获得收益；而在特殊培训下，成本和收益由提供培训的企业和获得培训的工人分享。②在两种情况下，人们对培训的支付都是通过在培训期间接受一个比市场均衡工资更低的工资来进行的，这种成本是接受培训的机会成本。③在有特殊培训的工作中，人们的所得在培训期间大于其边际产品价值（VMP），此后则少于 VMP。在有一般培训的工作中，人们的所得总是等于 VMP，但其 VMP 随着培训时间增加而上升。④有风险存在，人力资本投资的收益存在不确定性，各种因素可能会降低人力资本投资收益。

5. 目前我国人力资本投资存在哪些问题，应采取什么样的措施加以解决？

答：存在的问题：①企业意识到培训的必要性，但重视程度不高，而执行更弱。②企业对培训内容的选择随意性很大，企业需求和培训相脱节。

③多数企业的培训成本偏低。④培训效果差，培训后难以学以致用。

人力资本的现状：中国的人力资本结构失衡，高智能、高技术劳动力所占比重极小；人力资本存量不足，特别是中国农村（尤其是中西部）的人力资本严重匮乏；人力资本发展水平与发达国家相比存在很大差距；人力资本利用效率低下。

人力资本现状形成的原因：认识上的误区；资金的限制；体制上的障碍；外部因素的影响。

解决对策：转变观念；加大人力资本投资，调整投资结构；完善教育培训体系，提升人力资本投资效率；从根本上讲，是要加强人力资本投资的制度建设。

第五章 劳动力流动

【专题案例】

【案例 5-1】中国农村劳动力的有限剩余与"回流"

● 关于农村剩余劳动力的估计——各学者的估计结果展示

关于中国农村剩余劳动力数量的估计有许多文献，学者们运用不同的方法对农村剩余劳动力进行了估计，如表 5-1 所示：

表 5-1 中国农村剩余劳动力数量估计

作者	年份	估计方法	数据来源	剩余数量
邓一鸣	1991	劳均耕地法	全国资料	1987 年有 1 亿左右
钟甫宁	1995	简单计算法	全国资料	1990 年有 2 亿以上
卡特等	1998	劳均耕地法	全国资料	1990 年有 1.39 亿~1.72 亿
张铮	1995	劳均耕地法	全国资料	1992 年有 9000 万
罗斯基等	1997	劳均耕地法	全国资料	1993 年有 1 亿以上
刘建进	1997	生产函数法	农户资料	1994 年有 1.1 亿
王红玲	1998	生产函数法	农户资料	1994 年有 1.2 亿
杜鹰等	2000	劳均耕地法	分省资料	1998 年有 1.52 亿，2000 年有 1.8 亿
国家统计局	2002	生产函数法	全国资料	1999 年有 1.7 亿
王检贵、丁守海	2005	混合方法	农业部数据	2000 年有 3500 万~4600 万
张铮	2005	劳均耕地法	全国资料	2003 年有 7700 万
何宇鹏、张同升	2009	劳均耕地法	全国资料	2005 年有 6500 万
蔡昉	2007	总量分解法	全国资料	2007 年有 4000 万
都阳、王美艳	2010	迁移概率	全国资料	2005 年有 4357 万

资料来源：《中国人口与劳动问题报告》(2008)，经作者补充。

● 刘易斯转折点

依据刘易斯的理论，多数发展中国家都要经历一个二元经济发展过程，在这一过程中，经济主要分为两个部门：传统的农业部门和现代工业部门。在人口众多的发展中国家，传统农业部门的劳动力非常丰富，但其劳动的边际生产率很低，甚至为零。在这种情况下，只要现代工业部门能够提供就业机会，并且工资略微高于农业部门，劳动力就会从传统的农业部门源源不断地转移到现代工业部门。所以，在这一过程中，农业部门源源不断地为工业部门提供劳动力，并且工资增长很慢，雇用关系也不利于劳动者，城乡之间的差距依然存在。这种劳动力转移会一直持续，直到劳动力从无限供给变为短缺、同时增长方式实现质的飞跃，从二元经济进入现代经济增长阶段为止，这个转折点即著名的"刘易斯转折点"。

刘易斯模型后来经过费景汉-拉妮斯的发展，形成了两个转折点（第一转折点和第二转折点）、三个阶段的二元经济发展理论。在第一阶段：农业部门的劳动边际生产率很低，甚至为零，在工业部门工资几乎没有明显增长的情况下，农业部门为工业部门源源不断地提供劳动力，即工业部门的劳动供给具有无限弹性。随着工业部门的不断发展，大量劳动力不断地转入现代部门，经济发展进入第二阶段：农业部门的劳动边际生产率开始上升，由于农业部门劳动力供给减少使得粮食的产量下降，引起粮价和工资的上涨。农业部门开始机械化、规模化生产，提高了劳动生产率，农业产出能够有效地满足现代部门的需要，部门之间的均衡发展把经济发展逐步带入了第三阶段，即经济一体化阶段。

伴随着这三个阶段的过程，现代工业部门的劳动供给也在发生相应的变化：第一个转折点的变化是：劳动供给从无限供给转向有限剩余；第二者转折点的变化是：劳动力从有限剩余转向完全吸收殆尽。与此同时，在每个转折点的过程中农业部门劳动力的工资也在发生相应的变化。所以，刘易斯后期的文章主要是从工资的角度来阐述充裕劳动力的来源、供给弹性以及二元经济问题。

● 农村劳动力转移障碍

在中国农村剩余劳动力迁移的同时，也存在着"回流"的现象，"回流"的具体原因亦有不同：

A. "大城市买不起房，孩子上学又难，不得已回到了老家农村，回来后就业难，创业又屡屡失败。"在此起彼伏的"噼里啪啦"的鞭炮声中，本应喜庆过年的返乡农民工李中此刻却愁眉不展，他用"心酸"来形容自己返乡后的经历和感受。[①]

B. "原来想打工只不过是一天上 8 小时班，每个月有工资拿，这样上班多好啊，就和在家里一样不愁吃、不愁穿，谁知道到了外面才明白不好玩。我最早去的是浙江，那边比我老家冷多了，下雪的时候还要骑着自行车去上班。没有星期天，发工资那天才放假，晚上连电视都看不到。我在宁波去的第一个厂是个电子厂，就是做网线上的水晶头，我做了两个月，手都磨烂了，实在受不了我就'自离'了，只拿了一个月工资。后来又进了一个制衣厂，学了一个星期踩电车，那些师傅不怎么教我，就我自己乱踩机械，第一天开始记工资时，我只做了 5 块钱。那时真是想哭，又不好意思回家，害怕别人说。在那个制衣厂我做了半年多。我从宁波去广东佛山时一个人坐火车，没有座位，站了 3 天 3 夜。在广东佛山那就更惨了，身上没有钱，找了两个星期都没有找到工作，后来去了樟木头镇，那时我还未满 18 岁，许多厂都不敢要，没办法，又去了厚街，进了一个小工艺厂，生活很差，上班时间很长，早上 7 点半上班，晚上最早也是 10 点下班，通常要到 11 点或者 12 点，加班费一个小时只有 2 块钱。那时候才明白打工根本过不上城市的生活，才知道家里好。"

C. "我刚开始打工时工作很不好找，那时也没有考虑要学技术，没有

---

① 城市留不下　返乡难就业——一个农民工的"逆城市化"困惑［EB/OL］. 新华网，2014-02-03.

抓住机会，没有学技术的眼光，当时一个月几百块钱工资就觉得很满足，不想那么多。现在回过头来想，人年轻的时候还是得吃些苦。年龄小的时候没有什么社会经验，不懂人生道理，刚从学校出来，没当过家，不能独当一面，不知道柴米油盐贵。就像现在那些年轻人，打工就像玩一样，因为没有负担，经常换厂，这个厂不行就去那个厂。后来我慢慢明白了，一直做普工，还不如不打工，这样下去没前途。"

D. "现在像我这样的，打工就是挣点儿钱，无论干什么，只要工资多一点，累一点都没有关系。如果家里有事做我也不愿意再出去，毕竟有孩子了有牵挂，结婚是一个很大的转折，结婚之后就不想出远门了。在家里只要赚钱，就是种小菜我都愿意，在外面背井离乡，在家自由一些。结婚之后是一个很大的转折，现在一家人是一个整体了。"①

【教学目标】

本案例的学习目的主要有三个：一是使学生对中国农村可转移的剩余劳动力有更深刻的认识，从而对中国的劳动力市场有更具体的了解；二是在此基础上深刻理解劳动力市场变化、刘易斯转折点的到来对中国产业结构调整、升级的影响；三是在此基础上能够运用劳动经济学初步分析劳动力迁移决策的影响因素。

【案例讨论】

1. 请根据各学者对中国农村剩余劳动力的估计结果，分析中国劳动力市场上劳动力供给发生了什么变化。

2. 结合案例分析劳动力市场的这种变化会给经济发展带来哪些影响和挑战。

3. 请结合案例分析劳动力迁移决策时会考虑哪些因素。

---

① 张世勇. 新生代农民工逆城市化流动：转变的发生 [J]. 南京农业大学学报，2014（1）：9-19.

【理论运用】

劳动力迁移模型

刘易斯转折点

【分析思路】

1. 从各位学者关于中国农村剩余劳动力的估计可以看出，虽然模型中估计结果不完全相同，但是从近几年的研究结果发现：中国农村可供转移的劳动力数量在不断减少，已经不是无限供给，而是有限剩余。

2. 中国刘易斯转折点的到来，劳动力供给的变化会直接导致非技术性工人工资上涨。劳动力市场转型期，在普通工人工资率不断上涨的情况下，依据劳动经济学理论：当劳动的价格相对于资本的价格不断上涨时，会促厂商使用资本替代劳动，即用工成本的不断上升会迫使产业结构进行升级；而产业结构不断升级又必将要求市场提升劳动力素质。若劳动力素质能够与产业结构升级的要求相匹配，则将促进产业结构成功升级；否则，将可能影响产业结构的顺利升级。

3. 材料三主要反映了劳动力迁移决策过程中迁移成本的问题：子女就学机会、就学成本、异地生活住房成本、心理因素等都会影响劳动力迁移成本，而迁移成本的上升会降低个体迁移的概率。同时，婚姻也会影响劳动力迁移决策：单身时主要以劳动者个体的收益最大化进行决策，结婚后主要以家庭收益的最大化进行决策。除此之外，年龄、专业技术、受教育程度、迁移距离等都会对迁移决定产生影响。

【案例 5-2】中国流动人口的变化趋势及特征分析①

● 中国流动人口历年变化

中国流动人口的规模在改革开放后的 30 多年里持续增长，尤其是 20

---

① 郑真真，杨舸. 中国人口流动现状及未来趋势［J］. 人民论坛，2013（11）.（经作者整理）

世纪 90 年代以后，增长速度明显加快，从 1982 年的 657 万人增长到 2012 年的 2.2 亿人（见图 5-1），达到了前所未有的规模，占全国总人口的 17% 左右。上海、广州和北京等城市的当地常住居民中，约 40% 是流动人口。大部分流动人口是从农村流动到城市的年轻劳动力，2010 年全国流动人口中约有 1.5 亿来自农村，省内流动人口中有 54% 来自农村，跨省流动人口中则有近 82% 来自农村。迄今为止，流动人口规模仍继续增长，根据国家统计局发布的《2012 年国民经济和社会发展统计公报》，2012 年全国流动人口约为 2.36 亿，比 2011 年末增加 669 万。

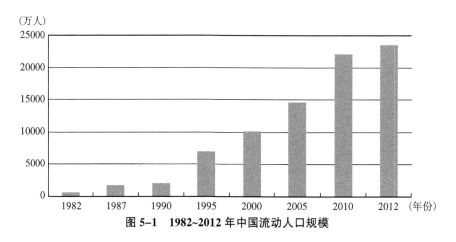

图 5-1　1982~2012 年中国流动人口规模

● 中国流动人口主要流入地区、流出地区

20 世纪 80 年代和 90 年代前期，珠三角地区吸引了全国大量劳动力流入。广东省的流入人口规模至今仍在全国居首位，东莞、深圳、中山等城市的流入人口数量已占常住人口的一半以上。90 年代以后，长三角地区（包括上海、江苏、浙江）对流入人口的吸引力逐渐增强，与珠三角和京津冀共同成为流入人口集中的三大都市圈。21 世纪以来，长三角地区流入人口增长速度超过珠三角地区，其中以浙江流入人口增长幅度最大。2010 年的全国第六次人口普查结果显示：尽管广东仍是人口流入最多的省，但对流入人口的吸引力已明显弱化。21 世纪的第一个 10 年里，流入人口规模增长最快的几个城市是上海、北京、天津和苏州，这些地区显示出更为强大的吸引力，人口流入重心已经从珠三角北移到长三角地区。

2005~2010 年，人口迁出率最高的前三个省依次是人均 GDP 较低的安徽、江西、贵州，其他几个主要的人口流出地还有河南、湖北、湖南、广西、四川、重庆。总的来说，人口流出地区几乎遍布全国，相对分散。前面列出的主要人口流出省份都是人口较为密集、农村人口比重较高的人口大省，而且这些地区的生育转变较晚、农村生育水平相对较高，因而能够持续输送大量的年轻劳动力。东部沿海地区和主要大城市是中国最早完成人口转变的地区，也是最早进入人口老龄化的地区，长三角一些地区的人口早在 90 年代就开始负增长。

● 中国流动人口的特征

与国际上较为常见的流动人口年龄模式不同的是，中国流动人口大部分不带子女，因而 15 岁以下少年儿童占比极低。流动人口的年龄中位数从 1982 年的 23 岁上升到 2010 年的 29 岁（即流动人口中有一半人在 29 岁以上）。2010 年流动人口中离开户籍地 6 年以上的占 24%，上海和北京流动人口的这一比例更是高达 32% 和 30%。2000~2010 年，35 岁及以上流动人口的增长率远高于较低年龄组。2010 年省内流动人口中男性和女性分别有 44% 和 40% 受过高中及以上教育，跨省流动人口的这一比例也分别高达 30% 和 27%，小学及以下受教育程度的比例显著下降。

【教学目标】

本案例的学习目的主要有两个：一是通过对案例的学习使学生了解中国历年劳动力的流动情况及变化趋势。二是使学生更深刻理解劳动力流动的主要成因及其影响因素。

【案例讨论】

1. 结合案例分析中国劳动力流动的趋势及变化，这种变化的主要原因是什么？

2. 结合案例分析中国劳动力流动的主要成因有哪些。

3. 结合案例分析当前阻碍劳动力迁移的主要因素有哪些。

【理论运用】

劳动力流动的主要成因

劳动力流动的主要影响因素

刘易斯转折点

【分析思路】

1. 从图 5-1 中可以看出，1982~2012 年，中国农村劳动力的流出一直在不断增长，但同时可以看出这种增速目前明显减慢。减慢的主要原因是中国劳动力供给的转变，自 2004 年后中国的劳动力市场已经开始从"源源不断"转向"有限剩余"。

2. 从案例可以看出影响中国劳动力流动的主要成因有：区域间劳动力供求的不平衡；经济发展水平的不平衡；不同地区间同质劳动力的工资差别；强化工作匹配的意愿等。

3. 从案例可以看出：影响劳动力流动的因素有：年龄——年轻的比年老的流动率高；家庭——一般有子女的家庭，妻子就业的家庭流动率比较低；教育——通常情况下，受教育年限越高的劳动力，流动性越强。除此之外，影响劳动力的因素还有：迁移的距离——迁移距离越远，迁移的可能性越小；职业与技术等级——劳动力掌握的技术水平越高，职业间流动率越低，但跨地区流动率可能越高。

【案例 5-3】 难民人数飙升对德国经济的影响

● 德国难民数量飙升

根据德国内政部的统计，仅从 2014 年 1~9 月，就有 13.6 万名新难民来到德国，超过了 2013 年全年的人数[①]。在 2015 年结束的前 3 周，德国官

---

① 孙进. 难民赴欧为何偏爱德国 [N]. 中国青年报，2014-10-21.

方统计的难民人数已达到 100 万。巴伐利亚州社会福利部部长米勒说，截至 12 月 8 日，已经有 100 万首次庇护申请者注册登记。仅 11 月份，新注册登记的庇护申请者就超过 20 万，人数之多超乎所有人的预料。[①]

如何帮助难民融入德国社会，成了摆在德国各界面前的一大难题。不止如此，2016 新年期间，德国科隆等地爆发大规模性侵犯事件，不少受害者指认罪魁祸首是难民，更是把难民问题引发的争议推到了舆论的风口浪尖。据英国路透社报道，2016 年 1 月 30 日，德国总理默克尔就难民问题表态，要求在叙利亚和伊拉克的战争、冲突结束之后，现居德国的难民必须返回自己的国家。默克尔政府此前一直力主对难民敞开大门，但是在政坛的反对声浪之中，也不得不做出让步。默克尔说："我们需要告诉人们，这个居留状态是临时的。当叙利亚重新恢复和平，我们希望你们带着你们学到的知识，返回你们的祖国。"[②]

● 德国目前的人口年龄结构

据报道，德国未来的劳动人口将明显下降，但老年人口将不断增加。根据预测，直至 2060 年，年龄介于 20 至 65 岁的人口将萎缩至 3400 万到 3800 万人。如今德国每 5 人中就有 1 人超过 65 岁，2060 年则将增加至每 5 人中就有 3 人超过 65 岁。同时，在德国，男性的平均寿命为 85 岁，女性则为 89 岁[③]。

【教学目标】

关于移民对当地经济、就业等的影响一直就有不同的声音。本案例的学习目的主要有两个：一是通过对案例的学习使学生深刻理解移民对当地经济和社会的影响；二是通过对案例的学习使学生更深刻理解移民对当地就业的可能影响。

---

① 2015 年德国接收难民近百万　遭遣返难民上万 [EB/OL]. 中国新闻网，2015-12-10.
② 默克尔.战争结束之后　难民必须回家 [EB/OL]. 中国日报网，2016-01-13.
③ 德国人口将萎缩　移民人数不能填补缺口 [EB/OL]. 中国新闻网，2015-04-29.

【案例讨论】

1. 结合案例思考：难民涌入德国可能给德国经济及社会带来哪些积极的影响？

2. 结合案例分析：难民涌入德国可能给德国带来哪些不利的影响？

【理论运用】

劳动力流动

外来劳动力对当地劳动力市场的影响

移民对当地就业的影响

【分析思路】

1. 德国妇女生育率约为 0.4%，低于欧洲整体水平 1.6%。人口老龄化问题非常严重，在全世界范围内，其人口老龄化程度仅次于日本。人口规模以及人口年龄结构都会影响劳动力的供给，所以德国人口老龄化会引起劳动力数量的下降。

20 世纪 50~60 年代，外来劳动力为德国的经济增长做出了积极贡献。所以，难民进入一定程度上可以增加德国劳动力市场上的劳动力供给。如果这些难民能够很好地融入德国，进入劳动力市场成功就业，将会为德国经济的持续增长带来积极影响。即便是非技术移民（包括难民）较多，也可能会带来如下积极影响：①由于技术工人与非技术工人之间的互补性，非技术工人的增加使市场对技术工人的需求增加，从而使得技术工人的工资上涨。②使得部分产品（其生产主要以非技术工人为主）的价格降低，从而有利于消费者。

2. 但是大量的难民涌入德国也可能带来不利影响：①如果这部分难民难以妥善安置，可能会对社会稳定产生影响。②难民进入劳动力市场可能会使部分劳动者的工资降低。

【习题】

（一）名词解释

劳动力流动

（二）单项选择题

1. 劳动力迁移成本是劳动力在流动中发生的（　　）。

A. 中间成本　　　　　　　B. 间接成本

C. 直接成本　　　　　　　D. 直接成本 + 间接成本

2. 劳动力流动的经济合理性是指（　　）。

A. 劳动力流动的成本和收益的比较

B. 劳动力流动的收益大于劳动力流动的成本

C. 劳动力流动的收益等于劳动力流动的成本

D. 劳动力流动的收益小于劳动力流动的成本

3. 影响劳动力流动的决定性因素是（　　）。

A. 健康状况　　　　　　　B. 社会文化因素

C. 经济因素　　　　　　　D. 人际关系

4. 下列关于劳动力流动的论述正确的是（　　）。

A. 已婚比未婚更易流动

B. 学历越高，越不可能流动

C. 年龄越大，流动的意愿越强

D. 流动的可能性与流动的距离呈反方向变动

5. 有关劳动力流动决策，以下陈述正确的是（　　）。

A. 与年长者相比，年轻人回收投资的年限更长，因而也更喜欢流动

B. 劳动力流动成本随着家庭规模扩大而成本递减

C. 流动距离越远，可能流动的劳动者获得工作机会的信息将越多，流

动成本趋于下降

D. 技术水平越高，职业流动率越高

6. 贴现率的提高会使得个人流动的可能性 （   ）。

A. 不变   B. 上升   C. 下降   D. 不确定

7. 如果预期人力资本投资的回收期增加，使得个人流动的可能性
（   ）。

A. 不变   B. 上升   C. 下降   D. 不确定

8. 影响劳动力迁移的诸个体因素中，最重要的是 （   ）。

A. 年龄   B. 受教育年限   C. 家庭   D. 技术

9. 移民的增加会使得 （   ）。

A. 劳动需求曲线右移   B. 劳动需求曲线左移

C. 劳动供给曲线左移   D. 劳动供给曲线右移

10. 年龄与劳动力迁移的心理成本呈 （   ）。

A. 正相关   B. 负相关   C. 不相关   D. 不确定

11. 当信息不充分时，劳动力流动的成本 （   ）。

A. 较低   B. 较高   C. 下降   D. 不确定

（三）多项选择题

1. 关于非法流动与移民对当地劳动力市场的影响，下列说法正确的是
（   ）。

A. 没有任何影响

B. 流入/移民 X 个就剥夺当地居民 X 个工作机会 （即 1∶1 的影响）

C. 当地居民的就业岗位中有一部分被摧毁，但不是 1∶1

D. 驱逐非法移民为本地公民按照 1∶1 的比例创造工作机会要有一个
条件：政府最低工资法造成劳动力过剩

E. 有害于本地的体力劳动者，未必有害于全体本地人

2. 影响劳动力流动的个体因素包括 （   ）。

A. 年龄　　B. 家庭　　C. 受教育年限　　D. 流动的距离　　E. 婚姻

3. 与年轻的劳动力比较而言，年老的劳动力流动率较低，主要原因是年老的劳动力流动的（　　）。

A. 直接成本增加　　　　　　　　B. 机会成本增加

C. 心理成本增加　　　　　　　　D. 人力资本投资回收期缩短

E. 心理成本降低

4. 劳动力流动（　　）。

A. 是社会生产过程中技术基础不断变革的客观要求

B. 有利于劳动者收入的提高

C. 能够使人力资源得到充分的利用

D. 有利于劳动者自由选择职业和单位

E. 能够促进经济增长

5. 影响劳动力流动的社会因素包括（　　）。

A. 人事制度　　　B. 户籍制度　　　C. 福利制度

D. 社会分工　　　E. 经济福利差异

6. 非经济因素对劳动力流动决策的影响正确的表述为（　　）。

A. 劳动力的流动率随年龄增加而升高

B. 技术水平越高的劳动力，流动率越低

C. 受教育程度越高，劳动力流动的可能性越大

D. 交通距离越短，劳动力流动的可能性越大

E. 专业技术人员在特别的需求和较高的待遇下也具有强烈的流动愿望

7. 影响我国农村劳动力流动的主要因素有（　　）。

A. 社会经济发展水平

B. 产业与技术选择

C. 农业比较利益水平与人口城市化水平

D. 土地资源利用状况与农村人力资本状况

E. 户籍管理制度和交通状况

8. 相对于近的地方，人们不愿意迁移到距离较远的地方，主要是因为（　　）。

A. 信息成本高　　　　　　　B. 心理成本高

C. 迁移成本高　　　　　　　D. 可获薪水低

E. 可获薪水高

9. 外来劳动力的流入，会对流入城市的（　　）群体有利。

A. 重体力劳动者　　　　　　B. 熟练工

C. 消费者　　　　　　　　　D. 部分雇主

E. 所有人

(四) 判断题

1. 无论对劳动者来说，还是对雇主来说，劳动力流动都是既有收益又有成本的，因而并非流动频率越高越好。（　　）

2. 劳动力在不同地理区域范围和不同的工作岗位之间的迁移和流动，是劳动力在寻找工作的过程中的基本现象。（　　）

3. 劳动力的流动是劳动力的自主选择行为。（　　）

4. 与年轻的劳动力比较而言，年老的劳动力流动率较低，主要原因是年老劳动力流动的风险成本增加。（　　）

5. 若工业部门劳动的边际生产率高，工资远远高于农业部门，这样，农业劳动力在不受干涉的情况下自然有向城市流动的倾向。（　　）

6. 只要未来的预期城市收入现值看起来要大于未来的预期农村收入现值，人们就会由城市流向农村。（　　）

7. 劳动力流动频率越高越好，因为这有助于劳动力资源的优化配置。（　　）

8. 自愿的劳动力流动可以视为一种人力资本投资行为。（　　）

（五）简答题

1. 劳动力流动的成因是什么？

2. 劳动者是如何做出迁移的决策的？

3. 影响劳动力迁移的主要个人因素有哪些？

4. 劳动力流动有何意义？

5. 劳动力流动都有哪些规律？

（六）论述题

如何看待我国劳动力流动的现状？改善我国劳动力流动机制应采取什么对策？请结合劳动力流动模型论述当前阻碍我国劳动力迁移的因素及该采取哪些措施改进。

（七）分析题

1. 一种观点认为：非法流动或移民剥夺了一个当地居民或合法移民的工作机会（即：如果 X 个非法外国移民被驱逐出境，那么，失业的本地人数将下降 X）；另一种观点认为，非法流动和移民从事的工作是当地公民所不愿干的（即：非法移民不会对当地的就业有任何影响）。

请用模型对这两种观点进行分析。

2. 李先生和王女士结婚了，生活在北京。在北京，李先生的终身收入现值约为 300 万元，王女士的终身收入现值为 200 万元。在上海，他们的终身收入现值均为 260 万元左右。夫妇迁移成本为 1 万元。李先生喜欢上海，估计这一气候对他来说值 2 万元。王女士更喜欢北京，迁移对她来说相当于损失了 2 万元。分析他们应当迁移吗？

3. 假设王明现在居住在 T 市，其面临的贴现率为 5%。他正在考虑是否要迁移到 X 市工作。如果留在 T 市，他的年收入为 12 万元；如果迁移到 X 市，他就能获得 16 万元的年收入。假设他的决策周期为 3 年（工作周期为 3 年）：

请问:

（1）王明愿意负担的最高迁移成本是多少?

（2）如果迁移前王明已经结婚,妻子和他面临相同的贴现率和决策周期,夫妻两人迁移的成本为 5 万元/人。妻子在 T 市的年收入为 9.6 万元,迁移到 X 市的年收入为 10.6 万元。如果按照家庭的总效用来进行决策,他们会迁移到 X 市吗?

【习题参考答案】

（一）名词解释

劳动力流动:一般是指相对于劳动力市场条件的差别,劳动力在不同的地理区域范围内或不同的工作岗位间的自愿选择和流动。

（二）单项选择题

1. D   2. B   3. C   4. D   5. A   6. C   7. B   8. A

9. D   10. A   11. B

（三）多项选择题

1. CDE   2. ABCDE   3. CD   4. ABCDE   5. ABCDE

6. CDE   7. ABCDE   8. ABC   9. BCD

（四）判断题

1. √   2. √   3. √   4. √   5. √   6. ×   7. ×   8. √

（五）简答题

1. 劳动力流动的成因是什么?

答:劳动力流动的成因主要有:区域间劳动力供求的不平衡;经济发展水平的不平衡;不同国家和地区间同质劳动力的工资差别;经济周期引起的波动;国际资本流动的影响;强化工作匹配的意愿。

2. 劳动者是如何做出迁移的决策的?

答：劳动力个体是否流动取决于流动前后净收益的比较：如果与流动相联系的收益现值＞货币成本和心理成本的总和，则更换工作或迁移。

用公式表示如下：

净收益现值 $= \sum (B_{jt} - B_{ot}) / (1 + r)^t - C$

其中，B_{ot} 和 B_{jt} 分别代表劳动力流动前与流动后第 t 年的效用；r 代表贴现率；C 代表劳动力流动所花费的成本，包括货币成本和心理成本。因此可以看出：

如果净收益现值＞0——流动；

如果净收益现值＜0——不流动。

3. 影响劳动力迁移的主要个人因素有哪些？

答：影响劳动力流动的因素有：①年龄——年轻的比年老的流动率高；②家庭——一般有子女的家庭、妻子就业的家庭流动率比较低；③教育——通常情况下，受教育年限越高的劳动力流动性越强；④迁移的距离——迁移距离越远，迁移的可能性越小；⑤职业与技术等级——劳动力掌握技术水平越高，职业间流动率低，但跨地区流动率可能较高。

4. 劳动力流动有何意义？

答：流动能使人力资源得到充分的利用；能促进经济增长；能保证劳动力市场的活力和效率。

5. 劳动力流动都有哪些规律？

答：①劳动力从农业部门向非农业部门流动；②劳动力从第一、第二产业向第三产业流动；③劳动力从体力劳动向脑力劳动流动；④劳动力从农村向城市流动；⑤劳动力从经济落后地区或国家向经济发达地区或国家流动。

（六）论述题

劳动力流动基于以下两种假设：第一，劳动力的流动是劳动者为了实现自己的利益而自愿迁移的行为；第二，劳动者在劳动力市场上有流动的自由选择性。

如果与流动相联系的收益现值 > 货币成本和心理成本的总和，则劳动者更换工作或迁移。

劳动力迁移包括两个步骤："走出去"和"留下来"。

我国当前许多劳动力的迁移已经走出了第一步（即"走出去"），但有一些因素（如：户籍制度）却制约着第二步（即"留下来"），使得劳动力迁移的成本较高，从而可能阻碍劳动力的真正迁移。虽然目前对户籍制度的改革大大降低了城乡之间人口流动的障碍，但许多大中城市的户口迁移仍受到限制。并且城乡分割的二元性在本质上也未改变，城乡之间由于户籍制度在一些福利（就业、医疗、教育、保险）等方面还存在差异；同时，还未完善的社会保障体系使得迁移者无法获得必要的社会服务；除此之外，市场还存在劳动力歧视等，这些都提高了迁移的成本，阻碍了劳动力的迁移。

所以，在未来，政府应加快户籍制度改革；加强社会保障体系的建设，逐步建立城乡一体的社会保障制度；采取措施降低就业歧视，改善就业环境，保障农民工与城镇居民享有平等的就业机会，使他们能够获得与市民平等的待遇。

（七）分析题

1. 事实上，这两种观点都过于简单化，因为忽略了供给曲线和需求曲线的斜率。究竟有何影响，先看一模型，如图 5-2 所示。

发达国家或地区居民不愿干重体力劳动者的工作吗？

不是，只是雇主支付的工资率不够高而已。

没有非法流动/移民：N_1 个公民被雇佣，工资为 W_1；

非法流动/移民进入：供给曲线向右移动，工资降为 W_2，但就业增加到 N_2；在这一工资水平下只有 N_3 个本地公民愿意从事这项工作，其余的 $(N_2 - N_3)$ 个工作岗位由外来移民填补。

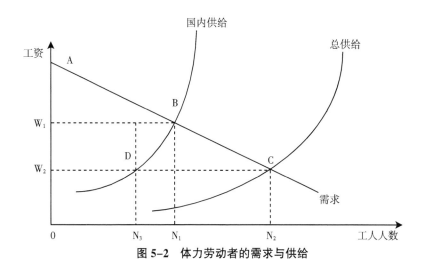

图 5-2　体力劳动者的需求与供给

但应该注意的是：在 W_1 的情况下工作是有人做的，只不过相对而言工资比较高；只有在 W_2 的低工资水平下，才存在发达地区本地公民"短缺"的现象。

驱逐那些从事重体力劳动的外来移民，能为发达国家或地区的公民创造同量的工作岗位吗？答案显然是否定的。从图 5-2 可以看出，创造的工作岗位有 $(N_1 - N_3)$ 个，而被摧毁的工作岗位有 $(N_2 - N_1)$ 个，所以，失业不是按 1：1 减少的。

驱逐非法移民为本地公民按照 1：1 的比例创造工作机会要有一个条件：政府最低工资法造成劳动力过剩。如图 5-3 所示：ABS1——发达地区本地劳动力的供给；ACS2——总供给（包括非法移民）。

因为人为的高工资使得劳动力过剩，如果就业者中有一部分人是非法移民，驱逐他们将会为本地人创造等量的就业机会。

但为了防止驱逐后工资水平的上升以及随之就业机会的减少，需求曲线必须在 B 点或 B 点的左侧。

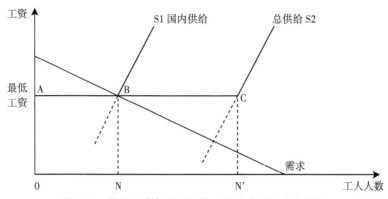

图 5-3　最低工资条件下的体力劳动者的需求与供给

2. 依据劳动力迁移理论：净收益现值 $= \sum(B_{jt} - B_{ot}) / (1+r)^t - C$

他们迁移到上海的净收益现值 $= 260 \times 2 - (300+200) - 1 + 2 - 2 = 19$（万元）

即：迁移后的净收益现值大于 0，所以理论上从家庭的角度考虑可以迁移。

3.（1）王明愿意负担的最高迁移成本 C 使得迁移的净收益等于 0，即：

$0 = \sum(B_{jt} - B_{ot}) / (1+r)^t - C$

$C = \sum(B_{jt} - B_{ot}) / (1+r)^t$

$\quad = (16 - 12) \times \left[\dfrac{1}{1+5\%} + \dfrac{1}{(1+5\%)^2} + \dfrac{1}{(1+5\%)^3} \right]$

$\quad = 10.88$（万元）

（2）如果迁移，王明的迁移收益为：

净收益现值 $= \sum(B_{jt} - B_{ot}) / (1+r)^t - C$

$\qquad\qquad = 10.88 - 5$

$\qquad\qquad = 5.88$（万元）

妻子迁移的收益为：

净收益现值 $= \sum (B_{jt} - B_{ot}) / (1 + r)^t - C$

$$= (10.6 - 9.6) \times \left[\frac{1}{1+5\%} + \frac{1}{(1+5\%)^2} + \frac{1}{(1+5\%)^3} \right] - 5$$

$$= -2.28 \ (万元)$$

家庭总收益 $= 5.88 - 2.28 = 3.6$（万元）

可以看出：家庭总收益大于 0，因此从理论角度看王明和妻子可以迁移到 X 市。

第六章 工 资

【专题案例】

【案例6-1】 中国制造业工资变化及单位劳动成本的变化

● 中国制造业工资变化及趋势

中国社科院研究员蔡昉（2013）指出：中国的刘易斯转折点于2004年到来之后，从2011年开始，15~59岁劳动年龄人口开始负增长。这种人口转变态势在劳动力市场上的反映，就是劳动力短缺成为常态，企业招工难愈演愈烈。作为一个必然的结果，普通劳动者工资以强劲的势头上涨。"以农民工的平均工资为例，2003~2012年，在外出农民工人数继续增加的同时，农民工工资的实际增长率达到12%，2011年更达到了21.2%，2012年在GDP增速降到7.8%的情况下，农民工工资照样增长了11.8%。"①

中国国家统计局数据表明，自2008年以来中国制造业工资水平已经上涨了71%。但据世界银行估计，中国劳动生产率大约以每年8.3%的速度提高。也就是说，劳动生产率的提高仅抵消了一小部分工资上涨所带来的压力。随着劳动力成本上升，全球零售商开始寻求可以替代中国的生产

---

① 工资上涨过快将压垮中国制造业 ［N］. 经济参考报，2013-11-15.

地，孟加拉、柬埔寨和越南等国家的服装制造业规模都得到了扩大。

随着劳动力成本上升，中国制造业传统优势逐渐减弱，2012年工业利润总体处在萎缩状态，出口增速从2011年的20.3%降至7.9%。虽然在海外直接投资方面，中国仍是获得海外直接投资最多的发展中国家，2012年中国吸引了1120亿美元的外商直接投资，但这一数字同比下降了3.7%，多家国外制造商纷纷将制造业务从中国撤离到邻近的劳动力成本较低的国家。亚洲最大的服装连锁品牌优衣库表示，目前70%的服装在中国生产，但计划要把这一比例削减到2/3，这主要是为了降低成本。有可能将部分制造商搬到越南，因为越南工人工资约为中国的一半。同时，皮货连锁企业CoachInc.和鞋类制造商CrocsInc.等公司都计划把一些制造业务转移到其他国家。

2015年，珠三角制造业调查报告显示：超过七成的受访企业表示，已在2015年春节之前提高员工工资，平均增幅为8.5%。纵向比较来看，26%的受访企业计划2015年工资上调幅度超过2014年，18%的企业预计上调幅度会低于2014年，其余多数企业预计2015年工资上调幅度与2014年相当，这体现出劳动力结构性短缺造成的稳步工资上涨动力。29%的受访企业表示近12个月"用工荒"有所加剧；15%的受访企业表示与一年前相比劳动力市场的紧张状况有所缓解；84%的受访企业表示用工充足率在80%或以上，略低于去年调查时的87%，但仍然较高。①

● 中国制造业单位劳动成本变化

中国制造业工人工资的上涨，可能会引起制造业成本的上升；但如果制造业的劳动生产率增长速度能够超过制造业工人工资的上升速度，则可以延缓制造业成本的上升。

中国制造业工资的变化必将对劳动成本产生影响，中国制造业2001~

---

① 渣打银行研究部. 2015年度珠三角制造业调查报告 [J]. 中国经济周刊，2015 (22).

2009 年单位劳动成本变化如表 6-1 所示：

表 6-1　中国制造业 2001~2009 年单位劳动成本变化

年份	制造业增加值（亿元）	制造业就业（万人）	小时工资（元）	小时生产率	单位劳动力成本
2001	22312.64	4750.1	3.97	20.21	0.196
2002	25923.98	5284.1	4.11	20.47	0.201
2003	34088.7	5850.8	4.44	24.15	0.184
2004	51748.5	6633.2	4.81	31.99	0.150
2005	60118	7588.0	4.81	29.82	0.161
2006	71212.9	8068.3	5.48	33.68	0.163
2007	87464.8	8615.5	6.30	39.52	0.159
2008	102539.5	9289.4	7.77	44.32	0.175
2009	110118.5	9174.3	8.31	47.59	0.175

资料来源：曲玥，都阳. 中国制造业竞争优势与产业结构的转型升级研究［J］. 改革与战略，2014（10）：91.

【教学目标】

本案例的学习目的是使学生理解影响工资的因素，在此基础上深刻理解当前中国劳动力市场的变化对工资的影响，以及制造业工资的上涨所带来的影响。

【案例讨论】

1. 中国劳动力市场制造业工人工资持续上涨的主要原因是什么？

2. 请结合案例分析，中国制造业工人工资的上涨会给制造业带来哪些不利影响？

3. 针对这种变化，中国企业该如何应对？

【理论运用】

工资的影响因素

工资与劳动生产率关系

【分析思路】

1. 中国劳动力市场制造业工人工资持续上涨的主要原因是劳动力市场

的转型。中国自 2004 年到达刘易斯转折点后，虽然目前尚未到达劳动力完全短缺阶段，但农村剩余可供转移的劳动力已经从"无限供给"转变为"有限剩余"。而这种转变必将引起非技术性劳动力工资的持续上涨。

2. 中国制造业工人工资的上涨，可能会引起制造业成本的上升。如果制造业的劳动生产率增长速度能够超过制造业工人工资的上升速度，则可以延缓制造业成本的上升。但如果制造业的劳动生产率增长速度较慢，则会引起：一方面，制造业成本上升，产品竞争力可能下降；另一方面，一些企业可能会迁往其他劳动力成本低的国家，如：印度、越南、柬埔寨等，同时可能会使就业岗位减少。

从表 6-1 中可以看出，2001~2009 年中国单位劳动力成本呈现"V"形：2004 年以前呈下降趋势，2004 年以后呈上升趋势。

3. 依据劳动经济学的相关理论：在其他条件不变的情况下，一种生产要素价格的上升，会引起另一种生产要素对其的替代。所以，中国劳动力市场的这些变化必将促使中国的产业结构调整，逐步从劳动密集型转向资本密集型，进行供给侧结构性改革，提升创新能力，从而继续赢得竞争优势。

【案例 6-2】效率工资给福特汽车公司带来了什么？

● 福特的两大成功

福特汽车公司是世界最大的汽车企业之一，其创始人亨利·福特一生有两大成就：给消费者制造更好、更便宜的汽车和给工人发更多的工资。

从 1906 年开始，福特用两年时间彻底简化汽车部件并采用当时最先进的合金钢设计出 T 型车。从 1910 年开始，福特率领一群专家利用当时已经非常有名的泰罗的"工时研究"方法，将工人的操作彻底简化为 7882 种最单调的标准动作。标准化的产品和标准化的操作使装配流水线的出现水到渠成。到 1914 年，福特汽车公司的 1.3 万名工人生产了 26.072 万辆汽车，而美国的其他汽车公司的 6.635 万名工人生产了 28.677 万辆车。每个福特汽车公司的工人平均年产 20 辆车，是其他公司的工人平均年产 4.3 辆车的将近 5 倍。到 1923 年，福特汽车公司占据了美国汽车市场 57% 的份额，福特工厂的大门每一分钟就开出一辆刚装配好的汽车，这就是后来称作流水线式的大规模生产方式。

但这还不够，1914 年 1 月 5 日，福特宣布了福特汽车公司工人新的薪酬方案：最低日工资从 2.3 美元提高到 5 美元，每天的工作时间从 10 小时减少到 8 小时，另外还有利润分享计划。这又是件违背常理的事儿："高工资能降低成本吗？"福特认为"能"，秘密就是高效率的人和他的积极性。尽管早在 1832 年英国人巴贝奇就认识到了这一点，但没有一个企业主赞同并实践这个主张。

实行日工资 5 美元后的三年中，福特汽车公司的利润提高了近三倍，从 1914 年的 2500 万美元增加到 1917 年的 7000 万美元。1918 年，当新方案的强大作用被充分展示，人们连最后一点怀疑也被一扫而光后，福特骄傲地在董事会上说："一天 8 小时，工资 5 美元，这是我们最成功的降低成本的方案之一。"

● 福特的"失败"

福特错误地估计了他与消费者之间的承诺。他以为消费者只需要低价格，但实际并非如此。福特的高工资和被福特带动起来的工资的大幅提高，逐渐造就了一个蓝领中产阶级。中产阶段逐渐积累下的财富使他们不再满足于虽然便宜、结实，但却一模一样、毫无变化也不舒适的 T 型车了。他们不在乎汽车稍贵一些，但要更舒适、更方便。他们还希望汽车能有更多的个性，也许更时髦、更流行，也许更高贵、更典雅。1924 年，T 型车占据了美国汽车市场 65% 的份额，就在这一年，已经濒临破产的通用汽车公司经过长期准备，推出了低价位的新型雪佛兰。新型雪佛兰虽稍贵于 T 型车，但使用了电打火、三段变速箱等新技术，车的设计也更舒适。结果，1925 年 T 型车的销量就开始下降，1926 年大幅下降，到 1927 年 5

月 25 日，福特被迫宣布停止生产 T 型车，当年 12 月推出新型 A 型车。要不是福特二世背着父亲早已悄悄设计好了 A 型车，当时世界上最大的企业——福特汽车公司就可能破产。

【教学目标】

本案例的学习目的是通过对案例的学习使学生理解效率工资以及效率工资发挥作用的机制。

【案例讨论】

1. 什么是效率工资？

2. 请用效率工资理论要点解释为什么福特在提升工人工资后，反而成本降低？

【理论运用】

效率工资

效率工资影响机制

【分析思路】

1. 效率工资理论认为工人工作的效率与工人的工资有很大的相关性，高工资使工人效率更高，故有效劳动单位成本反而可能下降，生产率会得到提升。

2. 根据效率工资理论，福特公司的高工资使得员工的工作效率更高，从而可以降低产品的单位劳动力成本。效率工资理论认为：高工资使工人效率更高，故有效劳动单位成本反而可能下降，生产率会得到提升。该理论有四大要点：①高工资产生刺激效应和惩罚机制；②存在逆向选择效应和筛选机制；③企业向工人支付的工资越高，工人留在企业的激励越大；④企业可以通过高工资减少工人的道德风险，提高工人的努力程度，进而提高工人的工作效率。

【习题】

（一）名词解释

广义工资　狭义工资　效率工资　最低工资　补偿性工资差别

（二）单项选择题

1. 下列属于影响工资确定的内在要素的是（　　）。

A. 员工的劳动和工作努力程度　　　B. 产品需求弹性

C. 劳动条件　　　　　　　　　　　D. 技术和训练水平

2. 甲、乙两个企业在同一个劳动力市场上相互竞争。甲企业工作条件好，为吸引劳动力，乙企业不得不支付较高的工资。甲、乙企业之间的工资差别属于（　　）。

A. 补偿性的　　　B. 竞争性的　　　C. 垄断性的　　　D. 接触性的

3. 基本工资是以（　　）为支付手段，是工资构成的主要部分。

A. 货币　　　　　B. 实物　　　　　C. 股权　　　　　D. 债券

4. 我国实行的最低工资制度是（　　）。

A. 统一数额的最低工资标准

B. 不同行业中规定不同的最低工资标准

C. 只在某些部门中实行最低工资标准

D. 按地区规定不同的最低工资标准

5. 在其他条件都基本一样的条件下，雇主支付的高于雇员在其他地方能够获得工资被称为（　　）。

A. 计件工资　　　B. 计时工资　　　C. 效率工资　　　D. 技能工资

6. 如果货币工资不变，物价上涨，实际工资（　　）。

A. 上涨　　　　　B. 不变　　　　　C. 难以确定　　　D. 下降

7. （　　）不是确定工资水平的因素。

A. 劳动者个人家庭所需的生活费用

B. 同工同酬的原则

C. 企业的支付工资能力

D. 劳动者消费水平的差异性

8.下列不属于计件工资的优点的选项是（　　　）。

A. 有利于提高效率

B. 有利于提高质量

C. 相对较公平

D. 促使雇员自我激励，有利于减少监督人员，节省开支

9. 使公司高管和公司所有者利益一致的最好方式可能是向公司高管支付（　　　）。

A. 固定年薪　　　　　　　　　B. 基于利润的报酬

C. 基于公司销售业绩的报酬　　　D. 基于公司股票市场价值的报酬

10. 一家工厂通过安装设备降低了工作场所的危险程度，那么（　　　）。

A. 该厂家可能增加工资　　　　B. 该厂家可能适度降低补偿性工资

C. 该厂家可能利润增加　　　　D. 该厂家可能总成本减少

11. 在其他条件一致的情况下，非常厌恶风险的劳动者倾向于拥有（　　　）。

A. 平均工资　　　　　　　　　B. 低于平均工资

C. 高于平均工资　　　　　　　D. 以上都不对

12. 如果生产的产品的质量和数量取决于工人的努力，工资形式可采取（　　　）。

A. 计件工资　　　B. 计时工资　　　C. 货币工资　　　D. 固定工资

13. 国际上，一般最低工资相当于企业平均工资的（　　　）。

A. 10%~20%　　　B. 20%~30%　　　C. 20%~40%　　　D. 40%~60%

14. 有些职业社会地位低下，工资高一些，高出部分的工资属于（　　　）。

A. 风险性工资差别　　　　　B. 补偿性工资差别

C. 垄断性工资差别　　　　　D. 竞争性工资差别

（三）多项选择题

1. 影响工资确定的内在因素包括（　　）。

A. 员工的劳动和工作努力程度　　B. 职务高低与权力大小

C. 技术和训练水平　　　　　　　D. 工作的时间性

E. 劳动条件

2. 工资的基本形式有（　　）。

A. 计时工资　　B. 计件工资　　　C. 奖金　　　D. 津贴　　　E. 福利

3. 计时工资的优点有（　　）。

A. 工作时不是太紧张

B. 工资额确定简便

C. 企业易预算人工成本，雇员有固定收入

D. 雇员可重在提高质量，而不必担心数量

E. 计时工资形式能准确地反映劳动强度和职工个人实际提供的劳动成果

4. 下列关于效率工资的说法，正确的是（　　）。

A. 雇主向雇员支付高于平均工资水平的效率工资时，固然会增加企业
　　的劳动力成本，但却可以有效地抵制雇员的消极怠工倾向

B. 由于效率工资高于平均工资，因而必然会增加企业的成本，从而使
　　利润下降

C. 支付效率工资使雇主易于在劳动力市场上招募到自己所需要的各类
　　劳动力，从而节约招募培训等方面的支出

D. 当效率工资所带来的边际收益等于边际成本时，企业的利润达到最
　　大化

E. 当效率工资所带来的边际收益高于边际成本时，企业的利润达到最
　　大化

5. 下列关于基本工资和福利的说法，正确的是（　　）。

A. 基本工资是指按时间和产量计算的实际工作时间所支付的劳动报酬

B. 基本工资的支付方式是货币支付和现期支付

C. 福利的支付是实物支付和现期支付

D. 在企业的成本项目中，计件工人工资属于可变成本，而福利有固定成本的特点

E. 员工福利是雇主的恩惠，不属于劳动报酬的范畴

6. 工资存在差别的原因包括（　　）。

A. 人力资本差异　　　　　　　　B. 工作的特殊性

C. 行业垄断　　　　　　　　　　D. 信息不完全

E. 工作成果质量

7. 补偿性工资理论能够成立的假设前提是（　　）。

A. 员工追求效用最大化

B. 员工追求收入最大化

C. 员工不具有流动性

D. 员工了解对他们十分重要的工作特征信息

E. 员工具有流动性

8. 男性、女性之间工资差异可能是因为（　　）。

A. 教育的差异　　　　　　　　　B. 歧视的存在

C. 非货币性工作特征　　　　　　D. 技术的差异

E. 收入最大化

9. 最低工资不包括（　　）。

A. 延长工作时间的工资

B. 中班、夜班、高温、低温、井下、有毒有害等特殊工作环境、条件下的津贴

C. 法律、法规和国家规定的劳动者福利待遇

D. 基本工资

E. 奖金

（四）判断题

1. 员工的劳动和工作努力程度属于影响工资确定的内在要素。（　　）

2. 在物价上涨的情况下，货币工资不变，实际工资也不会改变。（　　）

3. 季节性或临时性工人的工资一般较低。（　　）

4. 最低工资制定时不仅考虑个人的基本生活费用，还考虑个人所赡养的人口的基本生活费用。（　　）

5. 补偿性工资差异主要指由于个人受教育年限的不同引起的工资差异。（　　）

6. 在其他条件不变的情况下，当工作的非货币特征好转时，劳动力的供给曲线会向左移动，均衡工资上涨。（　　）

7. 劳动者工资水平和劳动生产率的关系，实质上是劳动者的劳动报酬和劳动成果的关系。（　　）

8. 劳动力需求曲线左移，均衡工资下降，均衡就业量也下降。（　　）

（五）简答题

1. 请简述效率工资的含义及理论要点。

2. 影响工资确定的内在要素都有哪些？

3. 影响工资确定的外在要素都有哪些？

4. 工作的非货币特征有哪些？

5. 对于计件工资和计时工资，试分析雇主和雇员对两种工资形式的偏好。

（六）分析题

中国经济目前正面临"未富先老"的挑战。"未富"是说中国尚未跨入发达国家行列，经济增长势头强劲，对劳动力的需求也强劲；"先老"是说中国已跨入老龄化国家行列，适龄劳动力供给已有下降的趋势。请结合"未富先老"的现实和劳动力市场均衡理论，分析未来中国劳动力市场的均衡工资率和均衡就业将有何哪些变化？

（七）计算题

1. 某劳动者上年的每月工资为 2000 元，如果今年每月工资较上年增加了 10%，同时劳动者所在城市的物价水平较上年上涨了 5%，试求今年该劳动者每月的实际工资。

2. 某劳动者上年的每月工资为 4400 元，如果今年劳动者所在城市的物价水平较上年上涨了 10%，今年其货币工资较上年增加了 20%，试求该劳动者今年每月的实际工资较上年增加了多少。

【习题参考答案】

（一）名词解释

广义工资：指劳动者因从事劳动而获得的所有报酬收入。它包括固定工资、奖金、津贴以及其他货币的（包括社会保险、住房公积金、住房补贴和企业其他福利等）或者非货币的福利收入。

狭义工资：指员工因从事雇用劳动而获得的货币报酬的部分。

效率工资：效率工资理论认为工人工作的效率与工人的工资有很大的相关性，高工资使工人效率更高，故有效成本反而可能下降，生产率会得到提升。该理论有四大要点：高工资产生刺激效应和惩罚机制；逆向选择效应和筛选机制；企业向工人支付的工资越高，工人留在企业的激励越大；企业可以通过高工资减少工人的道德风险，提高工人的努力程度，进而提高工人的工作效率。

最低工资：指劳动者在法定工作时间内提供了正常劳动的前提下，其所在企业应支付的最低劳动报酬。

补偿性工资差别：所谓"补偿性"是指相同的劳动者，即知识和技能并无质的差别的劳动者，在从事工作条件和社会环境不同的劳动时，他们的工资会产生差别。

（二）单项选择题

1. A　　2. A　　3. A　　4. D　　5. C　　6. D　　7. D　　8. B

9. D　　10. B　　11. C　　12. A　　13. D　　14. B

（三）多项选择题

1. ABCDE　　2. AB　　　3. ABD　　　4. ACD　　　5. ABD

6. ABCDE　　7. ADE　　　8. ABCD　　9. ABC

（四）判断题

1. √　　2. ×　　3. ×　　4. √　　5. ×　　6. ×　　7. √　　8. √

（五）简答题

1. 请简述效率工资的含义及理论要点。

答：效率工资理论认为工人工作的效率与工人的工资有很大的相关性，高工资使工人效率更高，故有效劳动单位成本反而可能下降，生产率会得到提升。

根据效率工资理论，的确高工资决定高工作效率，高工作效率又提高了生产率，但是该理论同时有四大要点：

（1）高工资产生刺激效应和惩罚机制，加大员工因偷懒而遭受解雇的代价。

（2）逆向选择效应和筛选机制，高效率员工会自动流向高工资企业。

（3）流动效应和效率机制。

企业向工人支付的工资越高，工人留在企业的激励越大。企业通过支付高工资降低了工人离职的频率，从而减少了雇用和培训新工人的时间和费用。

（4）社会伦理效应和认可机制。企业不可能完全监督其雇员的努力程度，而且，雇员必定自我决定是否努力工作。雇员可以选择努力工作，也可以选择偷懒，并有被抓解雇的风险，这就引起了工人的道德风险。企业可以通过高工资减少工人的道德风险，提高工人的努力程度，进而提高工人的工作效率。

2. 影响工资确定的内在要素都有哪些？

答：影响工资确定的内在要素有：员工的劳动和工作努力程度；职务高低与权力大小；技术和训练水平；工作的时间性；劳动条件，特别是工作的危害性；附加福利；风俗习惯；年龄和工龄。

3. 影响工资确定的外在要素都有哪些？

答：影响工资确定的外在要素有：生活费用或者物价水平；企业的经济效益状况或者企业的负担能力；地区或行业的工资水平；劳动力市场的供求；劳动力的潜在替代物；产品需求弹性。

4. 工作的非货币特征有哪些？

答：工作的非货币特征有：工伤或死亡的危险；附加的福利；工作的社会声誉；工作的地点；工作保障；增加工资的前景；工作节奏的控制程度。

5. 对于计件工资和计时工资，试分析雇主和雇员对两种工资形式的偏好。

答：从雇员的角度来说，采用计件工资制度使自己要承担一定的风险，因为任何一个人一生中总是有时精神好、效率高，有时消沉而疲倦。由于生产效率难免波动，所以采用计件工资制度计取报酬会使收入有波动。由于采用计件工资有风险，所以如果若干年中计时工资制下的平均工资等于计件工资制下的平均工资，雇员会偏好计时工资。

从雇主的角度来说，在计件工资制度下，低生产率的后果由雇员自己承担，雇主可以用较少的时间来筛选和监督职工；而在计时工资制度下，生产率波动的风险由雇主承担，不过雇主的担忧小于雇员，因为这部分雇员的生产率低，那部分雇员的生产率可能高，这就减少了雇主的风险。此外，在计件工资制度下，雇主监督质量的费用大，制定定额的费用大，因而管理成本较高。

总之，哪种工资制度给雇主带来的成本小、收益大，雇主就会选择哪种工资制度。

（六）分析题

（1）"未富"导致劳动力需求强劲给定供给不变，则均衡工资率增加，就业增加。

（2）"先老"导致劳动力供给下降，给定需求不变，则均衡工资增加，就业减少。

（3）综合考虑"未富先老"，可以明确均衡工资率大幅上涨；但就业的变化则取决于"未富"和"先老"共同作用的净效应。

（4）预计中国未来劳动力市场均衡，工资率会大幅上涨，就业总量的变化尚难以确定。

（七）计算题

1. 今年的货币工资：

$2000 \times (1 + 10\%) = 2200$（元）

因为物价上涨 5%。所以实际工资为：

$2200/(1 + 5\%) = 2095$（元）

2. 实际工资 = 货币工资/价格指数

货币工资 $= 4400 \times (1 + 20\%) = 5280$

价格指数 $= 1 + 10\% = 1.1$

实际工资 $= 5280/1.1 = 4800$（元）

$4800 - 4400 = 400$（元）

所以增加了 400 元。

第七章　劳动力市场歧视

【专题案例】

【案例 7-1】巨人教育遭女毕业生性别歧视诉讼[①]

在北京市海淀区海淀南路 30 号院"巨人教育"楼前，刚刚本科毕业的中山大学女生郑楚然跟其他 9 个女孩，一边唱着改编后的《最炫民族风》，一边跳着舞，以行为艺术的方式抗议巨人教育集团因性别原因拒绝将某些工作岗位面向女生开放。在她们旁边，还有跟她们一起来的人高举着"巨人矮人皆能建丰功，男性女性均可成大业"、横批为"平等就业"的对联。据活动的发起人李橙介绍，10 个女生，来自广西、广东、河南等地，因曹菊起诉巨人教育集团性别歧视聚集北京。这些女生中最小的 19 岁，最大的 27 岁，她们中间的很多人自身或朋友亲人都遭遇过性别歧视。"我们要以自己的行动支援曹菊，同时唤醒社会对平等就业的关注。"李橙表示。她们声援的曹菊，2012 年 7 月 11 日，将巨人教育集团投诉到北京市海淀区人力资源和社会保障局，同时以"平等就业权被侵害"为由向海淀区法院提起诉讼，理由是这家单位的职位上注明"只招男性"。中国政

---

① 巨人教育遭女毕业生性别歧视诉讼 [N]. 中国青年报，2012-07-25.

法大学宪政研究所的刘小楠副教授表示，这可能是《就业促进法》2008 年生效后大学生求职中全国性别就业歧视第一案。

曹菊，出生于 1991 年，2012 年 6 月 20 日从北京的一所院校毕业，获得大专文凭。2012 年 6 月，曹菊向巨人教育集团的"行政助理"一职投递了简历。在等待巨人教育集团答复的过程中，曹菊再次登录智联招聘网站，突然，她发现招聘要求上写着"仅限男性"这一项。为了确认"仅限男性"是否为硬性要求，6 月 25 日，曹菊拨打了巨人教育集团的咨询电话，她想争取一次面试的机会。对方告知，如果该职位"上面标明男的，我们就只招男的"，即使应聘人各项条件都符合，也不会予以考虑。"我当时没有看到'仅限男性'，觉得自己各方面能力都挺合适的。如果看到'仅限男性'，我是不会投简历的。"曹菊说。

2012 年 7 月 11 日，在收集完证据后，曹菊将巨人教育集团投诉到北京市海淀区人力资源和社会保障局，同时也向海淀区人民法院提起了诉讼，请求法院判被告向原告赔礼道歉，并赔偿 5 万元的精神损害抚慰金。

曹菊求职遇阻仅暴露了性别歧视现象的冰山一角，这个问题由来已久。2003 年劳动和社会保障部曾对 62 个定点城市劳动力市场职业供求状况进行了调查，结果显示有 67% 的用人单位提出了性别限制。中国政法大学宪政研究所曾在 2010 年 8 月发布《当前大学生就业歧视状况的调查报告》，报告显示，68.98% 的用人单位对大学生求职者的性别有明确要求。该百分比超过了非残疾、户籍地域、身高长相、政治面貌、无病原携带等，位居大学毕业生就业面临的歧视类型第一位。调查报告还显示，43.27% 的大学生遇到用人单位明确要求性别是男性。全国妇联妇女发展部、权益部等机构在调查基础上形成的蓝皮书《2009~2010 年：中国女性生活状况报告》显示，被访女大学生平均投出 9 份简历才可能得到一次面试或笔试的机会，56.7% 的被访女大学生在求职过程中感到女生机会更少；91.9% 的被访女大学生感到用人单位存在性别偏见；四成被访女大学生认为女生找工作比男生困难。女大学生就业难成为无法回避的社会问题。

【教学目标】

通过对案例学习使学生了解何谓性别歧视，加深学生对性别歧视内涵以及各种表现形式的理解。

【案例讨论】

根据案例内容，查阅相关资料，理解何谓性别歧视，举例你身边有没有其他形式的性别歧视？

【理论运用】

劳动市场歧视的定义及衡量

劳动力市场歧视的类型

【分析思路】

性别歧视概括来讲包括两大类：第一，显性性别歧视。指用人单位在应聘者条件中明确规定"只招男生"或"以招聘男生为主"。这一现象并不是个例，学生在寻找工作的过程中经常会在招聘信息中见到"女生免谈"、"限招男生"、"同等条件下男生优先"等字样，有些甚至会问到更加隐私的问题。例如在面试过程中被问到诸如"你有男（女）朋友吗？"、"他（她）在哪里工作？"、"打算什么时候结婚？"等类似的相对比较隐私的问题。第二，隐性性别歧视。指用人单位在发布的招聘信息中并不明确说明性别限制，但实际意图是不想要女生，招聘单位往往会在实际的招聘过程中考虑男性应聘人员，而不会考虑女性应聘人员。如某企业招收文员时要求所有应聘者负重30公斤跑1000米，结果大多数女性未能通过此项体能测试，此项看似中立的招聘措施即构成了对女性的间接歧视，因该项测试与文员工作无关。

【案例 7-2】 性别歧视被高估了？[①]

"性别歧视"是"性别公正（公平）"的反义词，是一种价值判断。不同的"主义"有不同的价值判断：在一种价值观看来，只有男女平等才是性别公正；在另一种价值观看来，男女不平等也可能达到性别公正，比如女性独享特殊劳动保护权利、男性有优先服兵役的义务等。换句话说，在一种价值体系中被认为是性别歧视的东西，在另一种价值体系中可能不是。按自由主义妇女观来判断，当今劳动力市场上的性别歧视可能被高估了。

● 人力资本理论忽略了男女劳动力的天赋差别

经济学人力资本理论谈到性别歧视，就会拿出受教育水平和工作经验相当的男性和女性的收入差距来证明，其逻辑思路是这样的：劳动者的收入与其教育水平和工作经验等因素相关，男女受教育水平和工作经验（人力资本投资）相当，其收入也应该相当，如果实际收入男高女低，那一定是女性在劳动力市场上受到了歧视。笔者认为，指证性别歧视就像指证罪犯一样要有直接证据，按"不是甲偷窃，不是乙偷窃，那就是丙偷窃"来论证问题显然缺乏说服力。

按照人力资本理论的逻辑，人力资本零投资的男女收入也应该相当，但实际观察到的情况并不符合理论预期。以"人民公社"男女农民收入分配为例，一群男人和一群女人都是文盲，"农龄"相当，没接受过教育，也就是说他/她们都没有被人力资本投资过，年底分红，通常是男人 10 个工分，女人 8 个工分，大家普遍认为公平合理：同工同酬，按劳动贡献分配。这是因为男人的先天个人特征（比如体力和速度等）与女人有差别，先天个人特征与经济收入有因果关系。而人力资本理论恰恰忽略了投资前"投资对象"的性别差异，其"男女投资对象同质"的假设是需要修改的。

---

① 潘锦棠. 劳动力市场性别歧视可能被高估 [N]. 中国妇女报，2014-07-22.

投资人都明白，投资对象（项目）是有差别的，投对了盈利发财，投错了血本无归。如果将男女劳动力的"天赋差别"与"教育水平和工作经验"等充分合计在男女"个人特征"中，男女收入差距中"不能解释"的部分就没有那么大了。何况，女性知识老化比较快，按经济学家明塞尔（Mincer）的话来说，女性人力资本的"折旧率"高于男性。因此，受教育水平和工作经验相当的男女，收入男高女低基本属于正常，没有那么多性别歧视可言。

指证性别歧视的老套理由还有：男性就业易，女性就业难，那一定是雇主对雇员有性别偏见——为什么就不是雇主的理性选择？有的行业男性比例高，有的行业女性比例高，那一定是人为"职业隔离"——为什么就不是市场配置、男女自然分工的现代延续？女性集中的行业工资低，男性集中的行业工资高，一定是市场经济制度的男权诡计——为什么就不是女性在门槛低的行业、在夕阳行业中集中？女性首席执行官在世界500强企业中不到10%，那一定是女性遭遇"玻璃天花板"——为什么就不是女性"摆脱地心引力"的起跳力有逊于男性？等等。既然因果关系并不十分清楚、肯定和显著，性别歧视就不一定如宣称的那么多。

以上是在自由主义经济学语境下讨论性别歧视。

● 平等主义性别公正观是空中楼阁

还有一种平等主义的公正（公平）观，指证劳动力市场上的性别歧视就更简单了。这种公平观把一切男女不对等都判为性别歧视：比如男女就业不平等、男女工资不平等、退休年龄男大女小、政府和企业领导男多女少等，都是性别歧视。这种性别公正观有很大影响，大众媒体和期刊上发布的问卷调查结果，自称在劳动力市场上遭遇过性别歧视的受害者比比皆是，比例高得惊人；大量女性研究文章中也充斥着这种性别公正观，这些文章的作者们很喜欢以此类问卷调查结果作为性别歧视严重程度的依据。

这些文章的作者们批评"男女不平等"，却鲜有批评"女女不平等"

的，也从来没试图回答为什么不先解决"女女不平等"再来解决"男女不平等"问题。如果他们支持平等主义性别公平观，主张利益均沾、人人平等的话，是应该考虑和回答这些问题的。其实，男人与男人、女人与女人也分别存在不平等，决定男男不平等和女女不平等的因素同样在男女不平等过程中产生作用。也就是说，决定男女不平等的因素绝大部分是与决定男男不平等、女女不平等的因素相同的。在谴责男女不平等之前，应该要排除这些共同起作用的因素，找到决定男女不平等的特殊因素。

例如，现在已经可以用"同声翻译"技术来解决弱势语言与强势语言平等的问题，那是在物质环境已经具备的情况下才能实现的。同理，男女平等，残疾人与健全人平等，乃至人人平等也只能在"条件"或"环境"具备时才可能实现。

我们可以有"梦想"，但梦想在现在毕竟还是空中楼阁。

所谓歧视，通俗点说就是："你行，我说你不行"那是性别歧视，"你不行，我说你不行"那是性别正视、实事求是；或者说：现在能消除而没消除的不合理区别（差别和不平等）叫歧视，而现在没有条件消除、只有未来社会才能消除的差别就不能叫歧视，可以叫社会不完美。平等主义的性别公正观可以作为一种思潮存在，可以作为一种女权运动存在，但如果作为指导现实社会、左右公共政策的价值基础就有问题了。

回到现实，当下劳动力市场上还只能实行等价交换或者按劳分配，不是吗？那么，男女不平等，乃至男男不平等和女女不平等还将长期、正当地存在。

【教学目标】

通过对案例学习使学生更加深入地理解性别歧视，加深学生对性别歧视社会效应的认识。

【案例讨论】

查阅资料分析中国劳动力市场的性别歧视可能引发的社会效应。

【理论运用】

劳动市场歧视的定义及衡量

劳动力市场歧视的类型

【分析思路】

第一，对雇主的影响。一方面，雇主是性别歧视行为的受益者。因为在劳动力市场上信息是不完全的，当存在大量的求职者时，要得到他们的信息在技术上不可能，或者得到这些详尽的信息需要大量的成本，如各种测试等。在这种情况下，男性优于女性的统计性歧视可以减少雇主由于要了解每个应聘者信息而发生的成本。另一方面，雇主宁愿选择劳动生产率低的男性而不愿选择劳动生产率高的女性，造成经济效率的损失；性别歧视所形成的诉讼使得雇主要支付一定的成本，且形象受损；同时，如果所要筛选的群体中个体差异越大，利用群体资料作为甄选手段的代价就越大，雇主越可能失去潜在的优秀员工。

第二，对雇员的影响。首先，增加了女性的搜寻成本，女性不得不支付比男性更多的搜寻成本，包括寻找工作的时间、交通费、登记工作的申请费、通信费和食宿费，还包括越来越昂贵的简历制作费、置装费和美容费等；其次，由于劳动力市场性别歧视的存在，使得一些女性求职者在面对激烈的市场竞争时，无法接受屡次遭遇歧视、不得不重复失败的困境，开始产生一系列心理障碍，给社会造成了本不应有的负面影响；最后，性别歧视降低了女性的劳动力参与率，迫使一些女性在找工作无望的情况下，退出了劳动力市场，她们的劳动力价值没有得到实现，浪费了已有的人力资本积累。

第三，对人力资本投资的影响。对人力资本的投向取决于劳动力市场传递的信息，如果劳动力市场传递给人们的信号是女性的劣势，那么将会挫伤社会、企业对于女性人力资本投资的积极性，剥夺女性成员接受教育的权利，也会影响女性自身接受高等教育的积极性。这种累积效应导致女性因为能力和歧视的双重影响，在劳动力市场上的地位不断下降。

第四，对劳动力市场的影响。性别歧视会加剧职业隔离，女性劳动力集中在了几种特定职业上，甚至一些职业成了女性专有职业。职业隔离最终会造成失业的女性化和女性的贫困化，不利于生产要素的优化配置。并且职业隔离以及拥挤现象也会造成扭曲的市场价格，导致市场信号失真。

【案例 7-3】 城乡户籍歧视是否趋于止步①

中国劳动力市场中存在的问题，已远远超出了供给和需求的分析框架，无可避免地受到了改革中一系列制度的影响。劳动力市场中的问题，虽然与人力资本差异有关，但归根结底源于制度的不完善。种种制度中，影响颇为深远的便是户籍制度。

户籍制度一直被认为是计划经济留在农民身上的深刻烙印。新中国成立初期，为适应计划经济体制的需要，我国实行了严格的户籍管理制度。1958 年《户籍管理条例》的颁布标志着农业户口和非农业户口的正式划分。这一制度将农民固定在土地上，保证城市粮食的低价供应，为城市的工业化发展服务。这一制度的实施在计划经济阶段发挥了重要的历史作用。在资源有限的条件下，户籍制度有效地分配了社会资源，维系了社会的稳定。然而，随着改革开放时代的到来，严格控制的户籍制度日益显现出与市场经济发展不协调的趋势，它不仅限制了劳动力的自由流动，阻碍了生产力的发展，而且在社会发展中造成了巨大的不平等性。鉴于此，国务院在 1984 年和 1997 年相继推出了两套户籍改革方案，然而这些方案并没有彻底改变劳动力市场中的问题，农民进城仍然受到诸多限制。

自 1998 年起，政府明确提出统筹城乡的就业政策，决定改革城乡分割

---

① 吴贾，姚先国，张俊森. 城乡户籍歧视是否趋于止步——来自改革进程中的经验证据：1989~2011 [J]. 经济研究，2015（11）：148-160.

的体制，逐步消除对农民进城就业的不合理限制。1998 年国务院批转公安部《关于当前户籍管理中几个突出问题的意见》中，确立了逐步改革现行户籍管理制度的目标。自此，农村劳动力经历了向农业以外其他部门、向乡镇企业和跨省流动的过程（蔡昉，2007）。大量移民的涌入为城市的发展提供了充足、优质和低廉的劳动力，中国经济也因此得到了迅猛的发展。但经济的发展并没有惠及这些来自农村的劳动者，他们没有公平地享受到改革所带来的成果。由于无法获取城镇户籍，他们在劳动力市场中仍处于劣势，并受到不平等的待遇。首先，这种不平等性体现在社会地位上：移居到城市的农村劳动者大都生活在社会的底层，他们因为非城镇户籍受到当地人的排挤；同时，本地政府制定的带有城市倾向性的政策也使得他们在就业机会、子女教育、社会保障等各方面均享受不到与城镇居民同样的待遇（王美艳，2005）。其次，这种不平等性还体现在劳动者的经济地位上。农村移民大都就业于低层次的岗位，并且他们的工资水平远远低于当地劳动者。更重要的是，户籍的代际传递性以及政府对户籍迁移的控制使得这一现状很难得到改善。农村移民，实际上在进入劳动力市场之前就被划分到了城市的边缘。吴贾、姚先国、张俊森（2015）应用中国家庭健康调查（CHNS）1989~2011 年的面板数据，系统地研究了劳动力市场中的农村移民歧视问题及其演进过程。研究结果发现，较之于城镇本地劳动者，农村移民获得较低的工资，并且广泛存在着较高的失业率；拥有城镇户籍可给劳动者带来正向的工资溢价以及更低的失业率，并且户籍的工资溢价以及降低失业率的效果正在逐年增强。

【教学目标】

通过对案例学习使学生更加深入地理解户籍歧视，加深学生对户籍歧视的定义及表现形式的理解。

【案例讨论】

分析一下我国户籍歧视产生的根源以及对社会产生的影响。

【理论运用】

劳动市场歧视的定义及衡量

劳动力市场歧视的类型

【分析思路】

第一，对于农民工的影响。农民工就业歧视极大制约了农村劳动力在城市的充分就业，他们的生产与生活条件较难得到大的改善，农民工及其家庭成为新生弱势群体。部分农民工因为找不到工作而返乡，或者滞留在城市，成为城市的无业游民，有些人甚至走向犯罪，造成了潜在的社会不安定因素。同时，一系列就业歧视挫伤了农民工的积极性，不仅降低了农民工的人力资本投资水平，也影响了农民工对下一代的教育投资，这又进一步阻碍了农村剩余劳动力向城市的顺利转移。无法享有平等就业权利和公平待遇的农民工，夹在城市发展的断层中，难以从社会、经济以及心理层面真正融入城市，成为二元经济结构一元化改造和城市化进程中的瓶颈。

第二，对企业的影响。庞大的农民工在为城市和企业提供了大量廉价劳动力的同时，也在一定程度上助推中国企业形成了"低成本战略"和低工资、低保障的传统。这尽管有助于中国企业较快地进入到全球价值链中，但也严重制约了竞争力水平的进一步提升，众多企业被限制、锁定于价值链的低端。同时，一些地方的歧视性就业政策，增加了农村劳动力转移成本，抑制了以非公有制经济为主的新生部门的发展，给予国有企业职工的制度性保护实际上削弱了国有企业的竞争力。

第三，对城市工人的影响。在零替代关系下，因在该劳动力市场上农民工与城市就业人口是主动零替代关系，腾出来的工作岗位，城市就业人口不愿填补，对农民工就业歧视的结果并没有增加城市就业人口的就业，反而造成大量农民工失业。在替代关系下，对农民工的就业歧视，增加了城市就业人口的数量，但这是以农民工就业岗位的更多损失为代价的，并最终使的就业岗位减少。因此，对农民工的就业歧视直接造成农民工的非充分就业，而对于城市工人的就业保护作用甚微。

第四，对社会福利的影响。农民工是歧视最直接的受害者，歧视使农民工减少乃至丧失就业机会，收入也会相应地减少或丧失；对企业而言，歧视使雇用的劳动力数量减少，最终使企业成本增加，利润减少；对消费者而言商品和服务的数量减少，支付价格上升；城市就业者是歧视的唯一受益者，但其福利的增加是以消费者、企业，尤其是以农民工的利益受损为代价的，社会所受损失大于所获收益，社会经济剩余减少。

【习题】

（一）名词解释

歧视　雇主歧视　统计性歧视　劳动力市场歧视

（二）单项选择题

1. 由于雇主的歧视，会使得雇主的利润（　　）。

A. 增加　　　　B. 减少　　　　C. 不变　　　　D. 增减不一定

2.（　　）可能是歧视的来源。

①个人偏见　②统计性歧视　③存在某些非竞争性的劳动力市场

A. ①②　　　　B. ①③　　　　C. ①②③　　　　D. 都不是

3. 雇主在利用某个群体的典型特征作为雇用标准时，就会产生（　　）。

A. 顾客歧视　　B. 雇员歧视　　C. 统计性歧视　　D. 性别歧视

4. 在一些落后地区，女孩受教育的机会常低于男孩，使得她们在进入劳动力市场后找不到比较好的工作。这种劳动力市场歧视属于（　　）。

A. 后劳动力市场歧视　　　　　B. 前劳动力市场歧视

C. 个人偏见歧视　　　　　　　D. 消费者歧视

5. 劳动就业中的歧视主要表现为（　　）。

A. 性别歧视和晋升歧视　　　　B. 工资歧视和职业歧视

    C. 工资歧视和福利歧视　　　　　D. 文化歧视和种族歧视

（三）判断题

1. 工资歧视是指劳动者同工不同酬。（　　）

2. 劳动力市场上各种歧视都导致了一种结果，即收入的差别。（　　）

3. 在不考虑非经济因素和歧视根源的情况下，如果两个劳动者的劳动生产率是相同的，劳动者的工资不同，则劳动力的歧视系数不同。（　　）

4. 随着雇主歧视的产生，劳动力的工资下降。歧视系数越大，工资下降越多。（　　）

5. 反歧视政策的目的是消除劳动力市场的歧视，给劳动力提供公平就业和公平报酬的机会，促进人力资本的优化配置和合理利用。（　　）

（四）简答题

1. 劳动力市场歧视的含义是什么？怎样理解市场差别和劳动力市场歧视的关系？

2. 个人偏见模型是怎样的？雇主歧视、雇员歧视和顾客歧视的经济含义分别是什么？

3. 统计性歧视的含义是什么？为什么它会给相同素质的劳动力带来不同的待遇？

4. 非竞争性歧视模型主要包括哪几类？它们产生的原因是什么？

【习题参考答案】

（一）名词解释

歧视：指某些劳动者在劳动报酬以及劳动条件等方面受到不平等待遇。这些劳动者提供了相同的生产率，只是由于在一些非经济的个人特征上有所不同，如性别、年龄、宗教、观念、地域、经历、出身、残疾、外貌等方面有所不同，而受到歧视。

雇主歧视：指雇主对某种特征的雇员有偏见，对于雇用自己偏爱的人群从事高工资的工作有一种预定的偏好，即使其他类型的雇员具有同样的资格，他们在进行挑选决策时实际上仍然是假定后者的劳动生产率要比前者低。歧视性雇主为了坚持他们的观点就不得不放弃一部分的利益，而付出更高的成本。

统计性歧视：是指具体个人的情况都被按其所属群体的情况来加以处理。同一群体中的每一成员之间的相似性越差，则运用群体的情况替代个人的情况所带来的成本就越高。

劳动力市场歧视：指在现行劳动力市场上，具有相同生产率的劳动者，由于在一些非经济的个人特征上有所不同，如种族、性别、信仰、区域、年龄等方面，而影响了他们获得同等报酬或获取同等就业机会。

（二）单项选择题

1. B　　2. C　　3. B　　4. B　　5. B

（三）判断题

1. √　　2. √　　3. √　　4. √　　5. √

（四）简答题

1. 劳动力市场歧视的含义是什么？怎样理解市场差别和劳动力市场歧视的关系？

答：(1) 劳动力市场歧视：指某些具有相同生产率的劳动者只是由于一些非经济的个人特征有所不同而在劳动报酬以及劳动条件等方面受到不平等待遇。歧视是在劳动力市场上对劳动者与生产率无关的个人特征的估价。

(2) 区分市场差别与劳动力市场歧视：

市场差别可能由很多因素造成，比如社会使得有些成员只能接受较少的教育或者得到较差的健康照顾，比如他们的父母可能让儿子上大学而只让女儿读到中学等。劳动力市场歧视是指在现行劳动力市场上一切经济方面都相同的个人之间的报酬差别。

（3）理解劳动力市场歧视的要点：第一，歧视是可以衡量的劳动力市场行为结果，如工资、就业、晋升机会等。第二，歧视概念应略去偶然性的常态随机差异，它只包含有规则而不相互排斥的差异。第三，歧视的概念提出了一个区分引起工资差异的劳动力市场歧视与市场差别的方法。

2. 个人偏见模型是怎样的？雇主歧视、雇员歧视和顾客歧视的经济含义分别是什么？

答：个人偏见是由于雇主、作为同事的雇员以及顾客不喜欢与某些特定标志的雇员打交道而造成的。包括雇主歧视、雇员歧视、顾客歧视。

（1）雇主歧视。分析假设：雇主对具有某种特征的雇员有偏见，而顾客和作为潜在同事的雇员则没有这种偏见。主要表现：雇主在任何可能的情况下都更愿意雇用一些人，而不愿雇用另一些人。由于假设各类雇员在所有方面是一样的，因此，不被雇用的人的生产率在雇主那里的贬值完全是一种个人偏见的表现。雇主的偏见越深，实际生产率被打折扣的幅度越大。

（2）雇员歧视。占优势地位的雇员可能会避开那些使他们不得不以一种自己不喜欢的方式与另一类雇员打交道的工作。比如，男性劳动力可能会抵制从一位女性领导那里接受命令，拒绝与一位他们不喜欢的雇员分享责任。

如果男性雇员有歧视性偏好，那么他们可能会从一位执行非歧视性雇用和提升标准的雇主那里辞职或不去那里求职。这样，那些希望按照非歧视性标准进行雇用的雇主就必须向男性劳动力支付一种工资奖励（一种补偿型工资差别）来留住他们。

企业可以通过职业隔离来解决雇员歧视问题，由此可以解释为什么雇主通常只雇用女性或只雇用男性来承担某一职位的工作。

（3）顾客歧视。顾客歧视强调顾客的偏见是歧视的来源。在一些场合下顾客们可能偏好于让某类劳动力来提供服务，而在另一些场合下则偏好让另一类劳动力来提供服务。企业需要迎合歧视性顾客的需要，将会雇用那些顾客偏爱的雇员群体中的人来为自己工作，导致出现相互隔离的工作场所。非偏好群体需接受较低的工资或具有更高的素质。

3. 统计性歧视的含义是什么？为什么它会给相同素质的劳动力带来不同待遇？

答：由于雇主将某种先入为主的群体特征强加在个人身上而引起。如果根据求职者的个人特征（如测试分数、受教育程度、工作经验等）不能对其实际生产率做出完全的预测，而求职者所属的群体特征成为企业雇用决策的组成要素时，就有可能出现统计性歧视，因为具有相同的可衡量性生产率特征的人将会得到系统性的不同对待。

原因：应该说，并不是所有资历相同的男女职工存在的收入差都是劳动力市场歧视的结果，但雇主出于雇用成本方面的考虑，极有可能引入统计性歧视，将所有女性的实际生产率低估，使一些生产率高的女性职工遭受劳动力市场歧视之苦。

4. 非竞争性歧视模型主要包括哪几类？它们产生的原因是什么？

答：非竞争性歧视是指存在某些非竞争性的劳动力市场力量，包括拥挤效应、双重劳动力市场、与搜寻成本有关的买方独家垄断、串谋行为。

（1）拥挤效应：由于存在不同的劳动力市场，在一种市场中，劳动力的供给相对于需求过多，即过于拥挤，造成工资率过低的一种现象。拥挤效应来源于职业隔离，职业隔离则来自于雇主的偏见和歧视。

经济学家对拥挤效应的解释：把某些工作鉴定为"男性工作"而把另外一些工作鉴定为"女性工作"的过程是通过社会习俗完成的；男性和女性之间要么是存在先天能力上的差异，要么是存在后天能力上的差异；男性和女性对买方垄断雇主的供给曲线有所不同，等等。

表现：越是在女性占主导地位的职业中，工资越是低。

（2）双重劳动力市场：将劳动力市场看成是被分割开的两大非竞争性部门——主要部门和从属部门。主要部门提供相对较高的工资率、较为稳定的就业、良好的工作环境以及发展机会。从属部门则只提供较低的工资率、不稳定的就业以及较差的工作条件并且根本没有职业发展的机会。大部分弱势就业群体成员都是在从属部门中就业的，而这导致了一种长期延续下来的对他们的歧视。

经济学家对双重劳动力市场的解释：资本家将劳动者分离开来，以防止他们组织起来形成一种反对资本主义制度的力量。由于对不同类型的工人进行监督时需要付出的成本有所差别。对长期雇用的工人实行效率工资战略，对短期合同工人实行低报酬。

注意：两个劳动力市场之间很难流动。

（3）与搜寻成本有关的买方独家垄断：与搜寻成本有关的买方独家垄断模型将厂商行为中的买方独家垄断模型和歧视现象结合在一起。对所有的雇员来说，存在一种搜寻工作的成本。只要存在歧视性的雇主，某些雇员（如妇女或农村劳动力）的工作搜寻成本就会上升。雇主会按照劳动力的边际成本等于边际收益的原则来确定雇用水平，这样，尽管具有相同的劳动生产率，搜寻成本高的员工的工资也会相对较低。

（4）串谋行为：雇主们彼此联合起来，合谋对某些特殊群体的劳动力进行压制，从而制造一种被压制群体不得不接受买方独家垄断工资的局面。

第八章 收入分配

【专题案例】

【案例 8-1】 中国收入分配的现状及变化趋势

衡量收入差距的方法或指标有差别倍数、收入等分法、收入的频数分布、变异系数以及基尼系数等。其中，基尼系数是 20 世纪初意大利经济学家基尼根据洛伦兹曲线所定义的判断收入分配公平程度的指标，是比例数值，在 0 和 1 之间。基尼系数最大为"1"，表示居民之间的收入分配绝对不平均；最小等于"0"，表示居民之间的收入分配绝对平均。但这两种情况都只会出现在理论上，实践中基尼系数的实际数值一般都介于 0~1 之间。基尼系数越小表示收入分配越平均，越大表示收入分配越不平均。表 8-1 是 1990~2015 年中国部分年份的基尼系数。

表 8-1 1990~2015 年中国部分年份的基尼系数

年　份	城镇内部基尼系数	农村内部基尼系数	城乡收入比率	全国基尼系数
1990	0.23	0.31	2.17	0.330 （1988 年）
1995	0.28	0.34	2.71	0.415
2002	0.32	0.37	2.90	0.460
2005	0.34	0.37	3.22	——

续表

年　份	城镇内部基尼系数	农村内部基尼系数	城乡收入比率	全国基尼系数
2009	0.34	0.39	3.33	0.491 (2008 年)
2010	0.34	0.28	3.23	0.481
2011	—	—	3.13	0.477
2014	—	—	2.75	0.469
2015	—	—	2.73	0.462

资料来源：作者根据文献（李实，2012）[①]和国家统计局公布数据整理。

变异系数（Coefficient of Variation）：当需要比较两组数据离散程度大小的时候，如果两组数据的测量尺度相差太大，或者数据量纲不同，直接使用标准差来进行比较不合适，此时就应当消除测量尺度和量纲的影响，而变异系数可以做到这一点，它是原始数据标准差与原始数据平均数的比。变异系数没有量纲，这样就可以进行客观比较了。变异系数越大，表明数据资料的变异程度越大；反之则相反。图 8-1 显示 1990~2010 年部分

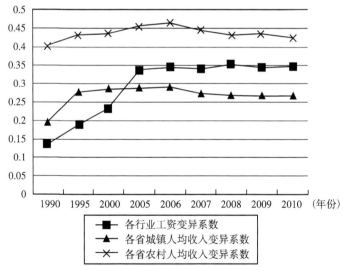

图 8-1　1990~2010 年中国部分年份的行业差距和地区差距

注：作者根据文献（李实，2012）的数据绘制。

[①] 李实. 我国居民收入差距的短期变动与长期趋势 [J]. 经济社会体制比较，2012（4）：188.

年份中国行业和地区的收入变异系数的变化情况。

据北京师范大学经济与工商管理学院教授李实分析：接近 0.5 的基尼系数可以说是一个比较高的水平，世界上超过 0.5 的国家只有 10% 左右，主要发达国家的基尼系数一般都在 0.24 到 0.36 之间。在收入差距扩大的同时，中国还面临财产差距扩大的问题，而且这一问题正变得越来越严重。据李实分析，以往人们大多把贫富差距等同于收入差距，但实际上，居民在资产方面的差距也是衡量贫富差距状况的重要方面。过去 10 年的数据分析表明，中国的财产差距扩大的速度要远远超过收入差距扩大的速度，个人财富积累的速度非常快。在过去大约 10 年的时间内，人均财富的年均增长率达到 22%，特别是房产价值的年均增长率达到了 25%。而农村的财富积累速度年均增长率只有 11%，相当于全国水平的一半。

北京大学中国社会科学调查中心发布的《中国民生发展报告 2014》显示：1995 年中国财产的基尼系数为 0.45，2002 年为 0.55，2012 年我国家庭净财产的基尼系数达到 0.73，近年来财产不平等程度呈现升高态势，明显高于收入不平等。①

【教学目标】

本案例的学习目的是使学生了解衡量收入分配差距的方法及判断标准，以及收入差距过大可能给经济和社会带来的问题。在此基础上深刻理解中国当前的收入分配差距的现状及需要解决的问题。

【案例讨论】

1. 请结合案例分析中国收入分配差距的变化趋势和特征。

2. 请结合图 8-1 分析中国行业间、地区间收入差距的变化及趋势。

3. 中国收入分配差距较大的原因主要有哪些？

4. 如何正确认识收入差距？收入分配差距较大可能带来哪些问题？

_____

① 中国贫富差距多大？城乡收入差 3 倍　高低行业差 4 倍［N］. 人民日报，2015-01-23.

【理论运用】

基尼系数

收入差距衡量方法

收入差距扩大原因

【分析思路】

1. 从表 8-1 可以看出：①农村内部收入差距有所下降。②城镇内部收入差距在扩大，没有明显缩小趋势，并且由于城镇中高收入人群不愿意参与住户抽样调查，可能会造成城镇内部基尼系数低估。同时，由于城镇房地产价格的上升使得城镇高收入群体的财产收入大幅上升，加大了财产收入差距。③城乡收入差距有缩小趋势，但目前差距还比较大。④全国收入差距还比较大，基尼系数仍然在 0.4 以上。

2. 从图 8-1 可以看出：各地区间收入差距在 2006 年之前是逐年上升的，2006 年之后开始有所降低；而行业间工资差距在 2006 年之前明显上升，2006 年后基本稳定。

3. 我国居民收入差距较大的原因主要有以下几个方面：

（1）政策方面：新中国成立后长期实行优先发展重工业、农业支持工业、农村支持城市的政策，导致农村发展明显落后于城市。2003 年以来，政府出台一系列惠农政策（以增加农民收入为目的的各种补贴政策和以构建社会安全网为目的的公共性服务政策），同时国家加大了向农村和中西部的投资，这些对于缩小农村内部收入差距和缓解农村地区贫困都有积极的作用。但在一段时期内，因发展的基点不同、条件不同，城乡差距、东西部差距及其居民收入差距仍然较大。

（2）市场方面：当市场体系不健全，存在流动性障碍或市场扭曲时，收入差距扩大的趋势就难以避免。比如：由于劳动力市场不统一，户籍制度导致农民工和城镇职工在收入、社会保障等方面在很长一段时间内"双轨制"运行；资本、土地交易并没有形成真正意义上的市场；某些领域的权力寻租带来非法收入、灰色收入、腐败收入；等等。这些都是体制因素造成的贫富差距过大。

（3）其他因素：在诚实劳动和市场环境公平的前提下，人们的收入有差距，这是合理的、社会能够接受的，如对教育投资较多的人能获得更为优厚的职业待遇。但因起点、机会和过程的不公平所造成的收入差距，人们普遍难以接受。如阶层固化、流动性不够，获取社会资源的机会不平等，个人努力创富成功的机会也就不均等，比如说"富二代"、"穷二代"的存在，这加剧了收入差距的扩大趋势，社会财富的分享更加不公平。

4. 在计划经济体制条件下，社会强调平均主义，干多干少、干好干坏一个样；进入市场经济后，社会强调按劳分配，不同行业、不同地区、不同人群之间出现收入差距是正常的，有一定合理性。

接近 0.5 的基尼系数可以说是一个比较高的水平，世界上超过 0.5 的国家只有 10% 左右；主要发达国家的基尼系数一般都在 0.24 到 0.36 之间。研究表明，收入差距过大会降低一个国家的平均消费倾向，消费不足会带来内需不足，从而导致经济增长缓慢；还会影响到低收入人群的人力资本的积累。收入差距过大会导致社会成员之间，特别是穷人和富人之间，难以建立相互信任的关系；更为重要的是，它会使赖以实现机会均等的制度和政策失灵，可能会威胁社会的稳定和经济的持续发展。

【案例 8-2】中国该如何避免陷入"中等收入陷阱"？

● 什么是"中等收入陷阱"

世界银行将各个经济体（国家或地区）按照不同的人均 GDP[①] 水平分为：低收入国家或地区、中等收入国家或地区和高收入国家或地区，但是

---

① 实际上，世界银行是按照人均国民总收入（GNI）进行划分的，但因为人均 GDP 与人均 GNI 大体相当，所以通常用人均 GDP 代替人均 GNI。国民总收入（GNI）＝国内生产总值（GDP）＋（来自国外的要素收入 – 对国外的要素支出）。

这一标准是动态的，会根据经济的发展而进行不断调整。2001 年的标准是：人均 GDP 在 745 美元及以下的国家为低收入国家或地区，746~9205 美元的为中等收入国家或地区，9206 美元及以上的为高收入国家或地区。到 2010 年，世界银行对这一标准进行了重新界定：人均 GDP 低于 995 美元的为低收入国家或地区，996~3945 美元的为中等偏下收入国家或地区，3946~12195 美元的为中等偏上收入国家或地区，12196 美元及以上的是高收入国家或地区。其中，中等偏下收入阶段和中等偏上收入阶段都属于中等收入阶段。

"中等收入陷阱"是 2006 年世界银行在《东亚经济发展报告》中提出的概念，是指一些国家在超越"低收入陷阱"进入中等收入后阶段，原有的经济政策和增长机制难以保持经济的持续增长，人均 GDP 难以突破 10000 美元而进入高收入国家，而使经济陷入停滞状态。

中国在 2010 年人均 GDP 达到 4000 美元以上，从而进入中等偏上收入组。这一阶段迈向高收入阶段的过程是一个关键的过程。因为从国际经验看，在这一转变过程中既充满了发展的机遇，又有陷入"中等收入陷阱"的危险。

● 陷入"中等收入陷阱"的国家

"中等收入陷阱"的产生源于经济体从中等收入阶段迈向高收入阶段过程中出现的很多问题，如收入分配差距拉大、城市化加速、资本账户开放等问题，这些都可能成为经济体陷入"中等收入陷阱"的诱因。经济体陷入"中等收入陷阱"后会表现出以下特征：经济增长回落或停滞，贫富分化加剧，腐败多发，过度城市化造成畸形发展，社会公共服务短缺，就业困难，社会动荡，金融体系脆弱。

世界上最早陷入"中等收入陷阱"的国家主要集中在拉美地区。从 19 世纪 70 年代开始，拉美国家先后进入工业化起步阶段，20 世纪 50 年代开始起飞，在经过连续 20 年保持年均 6%~7% 的增长速度之后，于 20 世

60 年代末和 70 年代初陆续达到中等收入水平，但从此就出现了经济增长乏力，并在其后数十年内基本维持 1%~2% 的低速增长。除此之外，这些国家在社会和政治领域也出现了因收入差距扩大而导致的社会失衡、治安混乱、政局动荡等问题，在 1970~2000 年相继踏入"中等收入陷阱"（见表 8-2），人均收入水平在很长时间内没能迈上新台阶。

表 8-2　拉美主要国家经济增长率的变化与陷入"中等收入陷阱"的时间区间

国家	1961~1970 年		1971~1980 年		1981~1990 年		陷入"中等收入陷阱"的时间区间
	GDP 增长率 (%)	人均 GDP 增长率 (%)	GDP 增长率 (%)	人均 GDP 增长率 (%)	GDP 增长率 (%)	人均 GDP 增长率 (%)	
尼加拉瓜	6.5	4.1	0.5	−2.6	−1.5	−4.1	1973~1999 年
委内瑞拉	4.3	3.3	0.7	−3.2	−0.7	−3.2	1971~2000 年
阿根廷	5.1	3.0	2.6	0.9	−0.7	−2.1	1962~1998 年
秘鲁	5.7	3.9	3.8	1.1	−1.2	−3.3	1979~1998 年
巴西	4.8	3.4	8.6	6.1	1.6	−0.4	1975~1999 年
墨西哥	3.9	2.1	6.5	3.5	1.9	−0.2	1974~2000 年

资料来源：李刚. 中等收入陷阱与中国现实［J］. 中国经济问题，2012（9）：6.

● 成功跨越"中等收入陷阱"的国家

日本和"亚洲四小龙"，在 20 世纪 70 年代和 80 年代以前也不同程度地依赖出口导向的低成本优势战略，但是在进入中等收入序列后，这些国家和地区放弃了这一战略，依靠科技进步与人力资源开发，转变经济增长方式，实现产业结构的转型和城乡与地区的均衡发展，促进中等收入阶层的形成以及经济增长动力结构的转变，实现了社会结构和政治民主化转型，保证了经济社会的持续发展，成功地避开了"中等收入陷阱"。当然，在这一过程中，国内创新能力的培育和持续的市场制度创新是重要的基础条件，因为这些因素是无法从国外购买的。

其中，韩国用不到 20 年的时间就成功跨越了"中等收入陷阱"，跻身高收入国家行列。韩国早在 20 世纪 60 年代开始发展出口导向型经济时就已决定建立自己具有国际竞争力的产业。尽管韩国企业也为大型跨国公司供应零配件甚至完整产品，但这不是主要目的，韩国一直期望能制造出属于自己的品牌产品。在政府和金融机构的支持下，韩国企业进行了艰苦的工作和长期的准备，逐步拥有了能冲击世界市场的自主品牌产品。其成功经验是：第一，实现经济增长方式的转型。把创新和技术进步作为经济发展方式转变的决定性因素，发挥后发优势，通过借鉴和吸收发达国家的成熟技术，促进经济投入要素的结构升级，提高技术进步在经济增长中的贡献率，实现由低成本优势向创新优势的战略转型。第二，进行产业结构转型。创新能力的提高引起生产率的提高，进而引起产业结构变动和产业升级，生产效率提高较快、消耗资源少的产业在产业结构中的比重趋于上升。这表现为第一产业比重迅速下降和第三产业比重急剧上升，制造业结构开始升级，资源由生产率较低部门转移到生产率较高部门。韩国自20世纪80年代基本完成重工业化之后，从90年代开始进入高加工度阶段，汽车、半导体、电力设备依次成为经济增长贡献率较高的产业。2000年进入技术集约化阶段之后，半导体和电力设备成为主导产业。第三，经济增长动力结构转型。经济发展水平的跃升提高了消费结构并使其稳定在较高的水平上，进而提升了产业结构，而产业结构转型使经济发展的动力结构也发生变化，消费成为支撑经济增长的主要动力。[1]

● 中国经济的发展阶段[2]

纵观中国改革开放30多年来的经济发展，展望未来的发展目标，可将中国经济的发展阶段分为已经跨越的低收入和下中等收入、未来将要穿越的上中等收入和高收入这四个发展阶段，从成长驱动力的角度，相应地概括为市场驱动、要素驱动、效率驱动和创新驱动四个阶段。

① 仪明金.跨越中等收入陷阱的国际经验及启示 [J].经济纵横，2011（3）：58-60.
② 郑秉文.中等收入陷阱与中国发展道路——基于国际经验教训的视角 [J].中国人口科学，2011（1）：6-9.

第一阶段（1978~2000 年）：市场驱动阶段

1978~2000 年是中国经济成长的"市场驱动"阶段，也是人均 GDP 为 1000 美元以下的低收入阶段。在这个阶段，中国之所以能够保持高速增长、成功跨越"贫困陷阱"，一个重要原因是明晰产权性质，引入市场等价交换的激励因素，使几十年高度计划体制压抑下的生产力得到释放。尤其是 1992 年确立社会主义市场经济体制后，市场经济制度逐步完善，经济增长速度从 1992 年的 14.2% 逐渐回归到 2000 年理性的 8.4%。这个发展阶段是市场经济制度不断试错、探索和建立的阶段，一切改革领域都是为了建立市场经济制度，每一届政府都在为引入市场和驱动增长而努力。增长的背后是市场的推动，成长的动力是市场的驱使。在高度计划经济体制下的政府"有形之手"突然被市场经济体制下的市场"无形之手"替代之后，市场势力的结果必然带有相当的自发性、盲目性，甚至是疯狂性。而正是这些原始的市场爆发力，推动中国最终跨越低收入发展阶段。

第二阶段（2001~2009 年）：要素驱动阶段

2001~2009 年是中国经济增长的要素驱动阶段，也是进入下中等收入的重要历史阶段。根据现代增长理论，经济增长取决于劳动、资本及资源和技术进步的投入。在下中等收入阶段，发展中国家往往利用比较优势，以要素投入来拉动增长，尤其对石油、天然气、矿产、农产品等自然资源丰富的经济体，资源立国的要素驱动特点十分明显，甚至到了对"资源诅咒"过分依赖的程度。毫不例外，此阶段中国经济增长也明显带有劳动驱动、资源驱动、资本驱动甚至土地驱动的有形要素驱动的历史特征。

首先，从劳动要素投入看，由于此阶段中国处于人口红利高峰期，丰富和廉价的劳动力成为经济增长的比较优势，以劳动密集型产品出口为主的对外贸易自然就成为一个重要增长引擎。从外汇储备的增长趋势可以看出，外汇储备保值增值的压力主要就是在这 9 年之中形成的，2001 年仅为 2121 亿美元，2010 年末激增至 2.85 万亿美元。有研究认为，劳动对增长贡献率的变动以 2003 年为界可大致分为两个阶段，此前贡献率较低，此后逐渐稳定下来（李名峰，2010）。其次，从资源要素投入看，土地要素对经济增长的贡献率逐年增大，甚至很多年份超过劳动的贡献率，1997~2008 年平均为 20%~30%；矿产资源的消耗对工业增长的贡献率要更高一些，有研究认为高达 37%；环境资源消耗的贡献率是 18%；能源的贡献率为 16%（张其仔，2009）。最后，从资本要素投入看，中国的投资率始终居高不下，是经济增长的一个重要引擎。例如，2000 年的投资率为 35%，2009 年提高到 40% 以上，而同期消费率则从 2002 年的 60% 下降到 2006 年的 50% 以下。

在这一发展阶段，尽管经济增长方式是粗放的，但中国却是幸运的，中国加入 WTO 恰好贯穿了这个阶段。这是一个历史性的机遇，中国抓住这个机遇，带着 2.85 万亿美元的外汇储备，利用 9 年的时间，顺利走出这个阶段，进入下一个发展阶段。

第三阶段（2010 年至"十四五"规划）：效率驱动阶段

从 2010 年至"十四五"规划时期，是人均 GDP 达到 4000~12300 美元的中上等收入阶段，是中国经济增长从要素驱动向效率驱动转型的重要阶段。从要素驱动向效率驱动转型有两层含义：一是从主要依靠出口和投资驱动为主向依靠消费、投资与出口协调拉动转型，属于一国发展战略；二是从粗放增长向集约增长转型，即提高生产力和竞争力的水平，这是进入高收入阶段（第四阶段）的必由之路。经济转型的关键在于从粗放向集约转型，这是效率驱动的主要内涵，即改善投入产出比，提高投资报酬率，提升经济竞争力，以获取长期增长的可持续性。相对于要素驱动阶段，效率驱动阶段强调的是增长的良性循环：报酬率是增长的主要驱动力，改善投入产出比就可提高生产力，生产力水平提高之后就会提高投资报酬率，包括物质投入、人力投入和技术投入；反过来，国民收入的可持续能力决定于生产力，投资报酬率也决定于生产力，而增长潜力又决定于投资。

第四阶段（"十四五"规划之后）：创新驱动阶段

"十四五"规划之后，中国开始进入高收入阶段，这是一个技术创新驱动增长的阶段。众所周知，虽然改善制度、减少宏观经济不稳定性、提高人力资本、修建社会基础设施等都可获取收益并带来增长，但都难逃报酬递减的铁律。从长期看，提高经济的竞争力只能依靠技术创新。在高收入发达国家，技术创新无一不是驱动增长的根本源泉。在高收入发达国家的经济增长中，技术创新贡献率达70%，而中国技术创新贡献率还不到40%（韩保江，2010）。

提高自主创新能力，建设创新型国家，是中国国家发展战略的核心，也是提高综合竞争力的关键，同时，也是当前跨越"中等收入陷阱"的战略部署和进入高收入国家行列的战略通道。

综上所述，在中国经济增长的四个阶段中，市场驱动阶段的本质是中国经济史的制度变迁，强调的是自由市场经济制度的转型；要素驱动阶段实际是比较优势的必然阶段，强调的是市场经济制度的确立；效率驱动阶段是避免"中等收入陷阱"的必由之路，强调的是市场经济制度内涵的提升和社会转型；创新驱动阶段是高收入经济体的趋同发展阶段，强调的是社会转型和政治转型。

【教学目标】

本案例的学习目的是使学生了解"中等收入陷阱"、陷入"中等收入陷阱"国家及其经济徘徊不前的原因。在此基础上深刻理解中国应如何避免"中等收入陷阱"。

【案例讨论】

1. "中等收入陷阱"的实质内涵是什么？

2. 现阶段中国该如何积极应对"中等收入陷阱"的挑战？

【理论运用】

"中等收入陷阱"

经济发展阶段与驱动力

【分析思路】

1. "中等收入陷阱"是指一些国家在超越"低收入陷阱"进入中等收入阶段后，原有的经济政策和增长机制难以保持经济的持续增长，人均GDP难以突破 10000 美元而进入高收入国家行列，从而使经济陷入停滞状态。

2. 借鉴已经成功跨越"中等收入陷阱"的国家，中国应该采取以下措施积极应对：注重转变经济增长方式，从要素投入为主的传统增长模式转变为以技术进步和生产效率提高为基础的经济增长方式；注重经济结构、产业结构的升级；加大教育投入力度，提升劳动力技能水平；鼓励创新；采取措施缩小收入差距。

【习题】

（一）名词解释

洛伦兹曲线　城镇居民可支配收入　农民纯收入　库兹涅茨曲线

（二）单项选择题

1. 基尼系数是一个反映（　　）的国际指标。

A. 收入的不平等程度　　　　　　　B. 国家科技竞争力

C. 社会消费水平　　　　　　　　　D. 通货膨胀情况

2. 国际上一般认为基尼系数的警戒线是（　　）。

A. 0.2　　　　　　B. 0.3　　　　　　C. 0.4　　　　　　D. 0.6

3. 如果所有人的收入都相等，基尼系数等于（　　）。

A. 1　　　　　　　B. 0　　　　　　　C. -1　　　　　　D. 0.5

4. 收入分配完全不均等时，基尼系数等于（　　）。

A. 0　　　　　　　B. 0.1　　　　　　C. 0.2　　　　　　D. 1

5. 基尼系数越大，则它所代表的收入不平等程度（　　）。

A. 越接近于 1   B. 越接近于 0   C. 越高   D. 越低

6. 如果最低工资提高增加了低收入工人的收入，那么洛伦兹曲线将向（   ）方向移动。

A. 离对角线更近   B. 离对角线更远

C. 不变   D. 以上都不对

7. 当家庭收入变得更加不平等时，洛伦兹曲线将向（   ）方向移动。

A. 离对角线更近   B. 离对角线更远

C. 不变   D. 以上对不对

8. 再分配更加注重公平是实现社会公平的重要举措。下列体现"再分配更加注重公平"的措施是（   ）。

A. 提高企业职工最低工资标准

B. 调整银行存贷款利率

C. 提高城市居民最低生活保障标准

D. 建立企业职工工资正常增长机制

9. 我国目前的基尼系数大约在（   ）。

A. 低于 0.2   B. 0.2~0.3   C. 0.3~0.4   D. 超过 0.4

（三）多项选择题

1. 洛伦兹曲线与基尼系数的关系是（   ）。

A. 洛伦兹曲线的弯度越大，基尼系数越大

B. 洛伦兹曲线的弯度越大，基尼系数越小

C. 洛伦兹曲线距离对角线越近，基尼系数越小

D. 洛伦兹曲线的弯度越小，基尼系数越大

E. 洛伦兹曲线与基尼系数没关系

2. 我国目前的收入差距主要表现为（   ）。

A. 城乡收入差距   B. 地区收入差距

C. 行业收入差距   D. 不同阶层收入差距

E. 部门间收入差距

（四）判断题

1. 基尼系数等于 1，表示收入分配绝对平均。（　　）

2. 基尼系数为 0，表示收入分配绝对平等。（　　）

3. "十三五"时期，要规范初次分配，加大再分配调节力度。（　　）

4. 依据西蒙·库兹涅茨的理论，在经济增长的初期，收入分配将逐步改善，但是在以后的阶段将会恶化。（　　）

5. 造成行业间收入差距的一个重要原因是行业垄断。（　　）

6. 就业方式的变化也会影响收入差距。（　　）

7. 进入 21 世纪，我国逐渐形成了东部、东北、中部、西部从高到低的收入格局，并持续到现在。（　　）

（五）简答题

1. 我国收入差距扩大的原因是什么？

2. 如何认识平等与效率的关系？

3. 当前我国收入分配差距状况如何？应采取什么措施进行调整？

4. 试分析收入差距过大可能带来的不良影响。

（六）作图分析题

1. 图 8-2 中，横轴表示社会各阶层居民的收入按从低到高排列，分成五部分，每部分为 20%；纵轴表示每一部分居民的收入占社会总收入的比例，即收入占比。

（1）请根据图中数据划出相应的洛伦兹曲线。

（2）根据你画出的洛伦兹曲线，写出基尼系数的计算公式。

（3）如果社会中每个人的收入完全相等，基尼系数等于多少？如果整个社会的财富掌握在一个人手中，则基尼系数又等于多少？

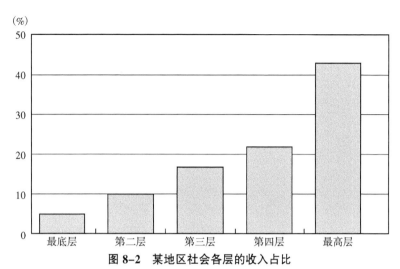

图 8-2　某地区社会各层的收入占比

注：横轴表示居民按收入从低到高分层（各 20%）。

2. 根据调查研究发现：甲国 20% 的低收入人口所占收入比重为 5%，而 20% 高收入人口所占收入比重为 55%；乙国 20% 的低收入人口所占收入比重为 15%，而 20% 高收入人口所占收入比重为 40%。

请问：

（1）根据以上信息，甲、乙两国哪个国家的收入分配差距更大？

（2）简述基尼系数的含义，其警戒线是多少？

（3）根据相关理论，说明在经济发展的不同阶段收入分配的变化趋势。

3. 图 8-3 是描述某地区社会收入分配差异状况的洛伦兹曲线，假设 A 的面积为 0.22，B 的面积为 0.28，试计算该地区的基尼系数并说明该地区的收入分配状况。

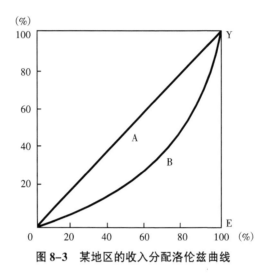

图 8-3　某地区的收入分配洛伦兹曲线

【习题参考答案】

（一）名词解释

洛伦兹曲线：所谓洛伦兹曲线指的是这样一条曲线，该曲线通过与绝对平均线比较，显示出收入间的平等程度。

城镇居民可支配收入：指城镇居民的实际收入中能用于安排日常生活的收入。它是用以衡量城市居民收入水平和生活水平的最重要和最常用的指标。

农民纯收入：指农民的总收入扣除相应的各项费用性支出后，归农民所有的收入。这个指标是用来观察农民实际收入水平和农民扩大再生产及改善生活的能力。

库兹涅茨曲线：又称倒"U"型曲线、库兹涅茨倒"U"型曲线假说。美国经济学家西蒙·库兹涅茨于 1955 年所提出的收入分配状况随经济发展过程而变化的曲线。该曲线表明：在经济发展过程开始的时候，尤其是在国民人均收入从最低上升到中等水平时，收入分配状况先趋于恶化，继而随着经济发展逐步改善，最后达到比较公平的收入分配状况，呈颠倒过来的"U"的形状。在该曲线中，Y 轴表示的是基尼系数或分配状况，X 轴是时间或收入状况。

（二）单项选择题

1. A 　　2. C 　　3. B 　　4. D 　　5. C 　　6. A 　　7. B 　　8. C

9. D

（三）多项选择题

1. AC 　　2. ABCDE

（四）判断题

1. × 　　2. √ 　　3. √ 　　4. × 　　5. √ 　　6. √ 　　7. √

（五）简答题

1. 我国收入差距扩大的原因是什么？

答：我国收入差距扩大的原因主要有：经济增长和发展；制度或体制性因素；政策性因素；劳动力市场因素。

2. 如何认识平等与效率的关系？

答：效率是指在既定的投入和技术的约束下使人们的需要尽可能得到最大满足的经济资源利用状态，或以最低的成本生产满足人们需要的物品和劳务的状态。公平包括：起点公平、过程公平、结果公平。

两者并不冲突。在初次分配中注重效率，在二次分配中可以通过税收、社会保障等进行调节（促进结果公平）。通过教育、培训、法律促进公平就业等，确保起点公平和过程公平可以调节结果公平，从而缩小收入差距，降低基尼系数。

3. 当前我国收入分配差距状况如何？应采取什么措施进行调整？

答：当前我国的收入分配差距（包括城乡差距、城市内部差距、农村内部差距）较大。对于如何调节居民收入分配、缩小居民收入差距，可以从以下几方面进行调解：

（1）发挥市场机制的调节作用。①打破行业垄断。②建立平等竞争，自由流动的统一开放的劳动力市场，特别是消除城乡间的就业歧视和择业差别，使劳动者能够根据自身的利益追求和特长自主择业，形成劳动要素合理配置的局面，在提高效率的同时，克服因就业选择限制而产生的收入差别。

（2）发挥政府的调节作用。①制定扶贫性质的区域经济政策；②实行城乡平衡发展战略，缩小城乡差距；③完善税收制度；④建立健全社会保障体系；⑤提供教育服务和教育改革。

（3）发挥第三种力量的调节作用。

4. 试分析收入差距过大可能带来的不良影响。

答：收入差距过大可能会带来的不良影响有：影响社会稳定；造成有效需求不足，影响经济的进一步增长等。我国的居民收入差距自改革开放以来在不断扩大，基尼系数在 0.48 左右。虽然收入差距的扩大是经济发展的一个阶段，但也应引起关注，政府部门应采取相应的措施，否则可能会影响经济增长。可采取税收政策、社会保障、教育改革、完善劳动力市场、完善法律体系等手段进行调整。

（六）作图分析题

1. 分析如下：

（1）如图 8-4 所示，洛伦兹曲线是 ABCDEF 曲线。

（2）基尼系数＝洛伦兹曲线与对角线之间所夹的面积/对角线下三角形面积。

（3）如果社会中每个人的收入完全相等，则基尼系数等于 0；如果整个社会的财富掌握在一个人手中，则基尼系数等于 1。

2. 分析如下：

（1）根据题目中的信息，可以看出甲国的收入分配差距更大。

（2）基尼系数是用来衡量收入分配差距的：基尼系数越小，社会收入

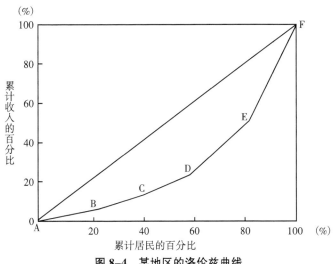

图 8-4　某地区的洛伦兹曲线

越平均；基尼系数越大，社会收入越不平均。

国际上，一般认为基尼系数警戒线是 0.4，大于这一数值容易出现社会动荡。

（3）在经济发展的不同阶段，收入分配差距也会发生相应变化，这就是著名的库兹涅茨曲线。该曲线表明了收入差距变动的长期基本规律：在一个国家工业化过程中，在其经济增长的早期阶段，尤其是在人均收入从最低上升到中等水平时，收入分配状况会趋于恶化（即人均 GDP 与基尼系数有正相关的关系）；但随着经济继续发展，当人均收入上升到中等水平以后，收入分配状况会逐步改善（即这时人均 GDP 与基尼系数又有负相关的关系），最后会达到比较公平的收入分配状况（即基尼系数下降并回到合理的水平）。若用几何方法来说明，就是随着一国人均 GDP 的增长，该国基尼系数的长期变化轨迹呈倒 "U" 形状。

3. 该地区的基尼系数 = A/(A + B) = 0.22/(0.22 + 0.28) = 0.44

该地区的基尼系数超过了 0.4 的警戒线，说明该地区的收入分配差距偏大。

第九章　就　业

【专题案例】

【案例 9-1】 国外促进就业政策的经验及对中国的启示①

就业是民生之本，努力实现社会就业更加充分，关系亿万人民群众切身利益，关系改革发展稳定大局，对推动科学发展、促进社会和谐具有十分重要的意义。国外很多发达国家都非常重视劳动力的就业问题，制定各自的促进就业的政策及措施。

一、美国：增加预算、增发国债，扩张性财政政策促进就业

一是实施扩张性财政政策，包括减税免税、增加公共投资等措施。在金融危机后美国政府减免个人所得税约 1200 亿美元，并对企业提供约 500 亿美元的税收刺激措施。二是施行就业"一揽子"计划。2009 年 2 月，奥巴马正式签署总额达 7870 亿美元的经济刺激方案，包括：为个人和企业减税、卫生保健和替代能源投资、基础设施项目投资、新能源和节能领域的投资等。三是施行"就业促进法案"及"失业救助法案"。2010 年，联邦政府为雇用新员工的雇主提供税项优惠，并采取措施改善中小企业融

---

① 李瑞红. 国外促进就业政策的经验及对我国的启示 [J]. 中国发展观察，2012（7）：46-48.

资，国会参议院通过了总额高达 1490 亿美元的"失业救助法案"，延长失业保险和失业者医疗保险的期限。四是开展国家出口计划。设立由国务院、财政部等内阁成员以及小企业管理局局长、相关银行总裁等组成的促进出口委员会（Export Promotion Cabinet），对出口企业（尤其是中小企业、服务业）出口提供政府援助、商务支持，增加出口信贷。

二、德国：推进劳动力市场改革，推行积极的就业政策

一是对联邦劳动局系统进行"去官僚化"改造，既改名改制，又改革功能。德国覆盖全国的劳动服务网络为各个机构、企业和所有市民服务，尤其是负责落实法律规定的积极就业措施，为劳动者提供培训、提供就业信息、提供咨询和指导服务、介绍和安置工作以及发放失业金。二是合并失业援助和社会救助，为寻找工作者提供基本生活保障。两项援助合并后，两者合作使用税收资源，为寻找工作的人提供基本收入支持。三是引入竞争性职业培训和职业介绍服务。联邦就业服务机构在全国范围内招标，失业者从联邦就业服务机构领取为期至少 3 个月的培训券，自主选择购买任何一个定点机构的服务。四是激励多种灵活的就业形式，德国联邦政府为失业者自谋职业、经营小本生意、季节性短工等多种就业形式提供大量资助，如补助、免税、培训等，提高就业人员的待遇水平。

三、英国：就业立法和社会福利改革，实施就业专项计划

一是实施促进就业的补贴政策。英国政府注重提供岗位补贴，对雇用长期失业青年、50 岁以上失业者等人群给予免税就业津贴。二是实施提升技能的培训政策。英国针对新成长劳动力、在职员工、失业人员等不同群体的特点，实施提供"激发创业文化"技能学习计划、就业培训补贴等不同的培训策略。英国计划将劳工技能学习中心的数量从 1.4 万家增加到 2.2 万家，力争到 2020 年，70% 以上的在职职工都接受强制性培训。三是实施促进失业保险与就业联动的政策。英国调整实施了社会福利改革法案，要求有工作能力的失业者必须进行求职登记，每周提交寻找工作计划，接受

职业指导和培训，并同就业服务顾问签订求职协议，保证能够立即上岗工作等，否则，将停发失业保险金。而对那些确实丧失工作能力的失业者，则提高津贴标准。四是实施稳定就业的管理政策。英国的国民保险制度覆盖了非全日制、灵活就业者等全体公民。同时，根据雇用保护法的规定，企业解雇具有两年以上连续工龄的员工，必须有正当的理由，且办理合法的解雇手续，否则视为"不正当解雇"。

四、日本："国家＋企业＋工会"的三维多层面保就业模式

政府层面：一是调整产业结构，创造新的就业需求，大力发展低碳技术和健康产业。二是加大就业财政投入，"实现稳定的就业"。三是鼓励中小企业发展，创造就业机会。日本制定了许多优惠政策，如简化注册手续、提供贴息贷款和廉租商业用房、组织培训、减免税收及提供免费法律咨询与市场分析等。企业层面：一是积极推行"工作分享制"（通过缩短和调整工作时间来增加工作岗位的就业制度），日本政府、日本经济团体联合会、日本劳动组合总联合会三方就推动实施"工作分享制"达成一致，以稳定和促进就业。二是立法强制保护，日本颁布了《零短工劳动法》、《劳动者派遣法》，为通过职业介绍机构找工作的失业者提供了更多择业机会，并要求企业放宽限制，提高就业的灵活性。工会层面：日本赋予工会组织较大权利，能够直接与企业开展谈判，为保证平等就业，保障劳工合法权益提供了基础。

五、韩国：成立反失业方法委员会，开展大规模经济结构调整

一是调整产业政策创造就业岗位。通过产业政策调整，促进信息和通信工业的发展以吸纳劳动力。二是促进社会不利群体如老年、妇女等就业。加大工作培训力度，要求一定比例人员应受到知识经济方面的培训，且对于雇用弱势人员的企业，政府将给予一定的资助。三是实施就业保险制度。就业保险由劳动部主管。韩国《就业保险法》规定，除特殊企业外所有企业都应加入就业保险，企业还应拿出占工资总额0.3%的费用用于

就业安全和拿出一定的资金用于职业技能开发。四是培育新的劳动文化，韩国政府制定了面向 21 世纪的新劳动文化政策。主要包括建立新的劳资合作体系，减少劳资冲突和矛盾；继续实行和完善就业稳定政策；培养创造性的新型知识工人；改善工人的福利和利益；促进女工权利的改善和对女工就业的支持；完善适应新时代的先进劳动行政管理体系。

前不久，中国国务院印发了《关于批转促进就业规划（2011~2015 年）的通知》，通过中国首部国家级促进就业专项规划，确定"十二五"期间中国促进就业的指导思想、基本原则和发展目标。据专家预测，"十二五"时期，中国人口将达到 13.7 亿，劳动年龄人口在 2014 年达到最高峰 9.97 亿，而实际进入人力资源市场的新成长劳动力高峰则还将延后出现，整个"十二五"时期劳动力供给将持续增加并保持在高位。"十二五"时期，城镇每年需要就业的劳动力为 2500 万左右，比"十一五"时期多出 100 万。同时，农村剩余劳动力转移就业的压力也会越来越大。

【教学目标】

通过对案例学习使学生更加深入地理解就业理论，加深学生对不同就业政策及其作用的认识。

【案例讨论】

了解中国就业促进方面的政策，并分析当前经济转型期中国应该采取何种特点的就业政策。

【理论运用】

就业理论

就业政策

【分析思路】

在经济转型和供给侧结构性改革的背景下，国家需要灵活的就业政策，提高就业水平的同时保障就业质量。灵活的就业政策，不仅保障正规就业者的安全，而且保障灵活就业者的安全。保障正规就业者的安全，不仅仅是保障就业者工作岗位的安全，更重要的是提高就业者的就业能力，保障其就业安全；保障灵活就业者的安全，目的是促进灵活就业者享有正规就业者的就业与保障权利，提高其就业质量。灵活的就业政策模式的涵盖，需建立充分的失业保险制度，实施积极的劳动力市场政策，使就业者终身学习，提升人力资本，培养就业新的增长点，促进灵活就业正规化。

【案例 9-2】 世界女性就业趋势观察与问题探析[①]

近年来，随着越来越多的妇女进入到劳动力市场，女性占劳动力市场总量的比重持续提高，就业领域也不断扩大。不过地区之间的差异明显，发展的步伐也不一致，各国女性在就业方面面临的主要问题也不同。

● 女性劳动参与现状及分析

根据数据，2010 年全世界女性的劳动参与率（指 15 岁及以上人口中就业和正在寻找工作的经济活动人口所占的比重）约为 52%，比 1980 年的 50.2% 上升了近 2 个百分点；而同时期男性劳动参与率从 82% 下降到 77.7%。男女劳动参与率的性别差距呈现缩小的趋势，但仍有 25 个百分点左右的差距。不同国家之间女性劳动参与率及其变化呈现较大差异。世界劳工组织调查了 189 个国家 1980~2008 年间的女性劳动参与率变化，发现 136 个国家有不同程度的上升，其中 10 个国家升幅超过 20 个百分点，48 个国家上升 10~20 个百分点；女性劳动参与率下降的国家占 28%，其中 6 个国家降幅超过 10%。分区域看，1990~2010 年间某些区域女性劳动参与率显著增加，如南美洲从 38% 增加到 59%。而另一些区域女性劳动参与率却显著降低，如亚洲（西亚除外）、东欧。男性劳动参与率近 20 年来除东南亚国家基本没有变化以外，世界其他地区都有所下降。女性劳动参与率上升而男性劳动参与率下降，导致女性在劳动力总量中的比重上升。总体

[①] 陈卫民. 世界女性就业趋势观察与问题探析 [N]. 中国妇女报，2013-05-07.

而言，北非、南亚和西亚仍然是女性劳动力比重较低的地区，没有超过30%。女性劳动力比重最高的是东欧（49%）和亚洲独联体国家（47%），男女劳动力比重基本相当。

世界女性劳动参与率的提高与经济发展有直接关系。经济发展给女性进入劳动力市场带来了更多的机会，如服务业增长、适合女性就业的制造业扩张，特别是在贸易开放、经济全球化的背景下，许多发展中国家的出口导向部门都繁荣发展，雇用了大量女性。女性受教育程度的提高是影响女性劳动参与率的又一重要因素。女性受教育程度提高的结果是，从全球来看，尽管有更多年轻女性因接受高中和高等教育推迟了就业，世界女性总体的劳动参与率却是上升的；除 15~24 岁外，所有年龄段上的女性劳动参与率都在提高。另外，生育率下降也为女性就业创造了条件。生育率下降与女性劳动参与率上升是相辅相成的，一方面，生育率下降减弱了生育对女性就业的障碍，有利于劳动参与；另一方面，女性劳动参与率上升也意味着生育的机会成本加大，导致晚婚晚育和生育率下降。

● 女性就业的生命周期特征

由于要承担生育、照料家庭等责任，女性进出劳动力市场具有很强的生命周期特征，表现为不同年龄段劳动参与率与所处的生命周期阶段关系很大，但这种生命周期特征也存在地区和国别差异。从全世界来看，女性劳动参与率的年龄模式大体有四种：

第一种也是最为普遍的模式是：15~19 岁劳动参与率较低，20~24 岁劳动参与率显著升高，并随着年龄的增长继续升高，25~35 岁到达顶峰，高劳动参与率一直延续到 50 岁后才开始缓慢或急剧下滑。这种模式一般发生在拥有完备养老金体系的国家。这种模式下的女性劳动参与不因生育而中断。

第二种是传统农业国中女性的劳动参与模式，特点是：女性参与劳动的年龄早，并很快达到较高水平，高劳动参与率一直会持续到 60 岁以后才缓慢下降。这种模式目前在撒哈拉以南的非洲国家仍很常见。

第三种是在北非和西亚地区常见的模式，特点是：女性劳动参与率在各年龄段都较低，即使就业了的女性在结婚生育后也会陆续退出劳动力市场，且不再返回。北非和西亚是世界上女性劳动参与率最低的区域。

第四种是具有双峰特征的模式，特点是：女性在结婚前有一个劳动参与率的高峰，结婚后特别是生育后退出，直到子女进入幼儿园或者小学后才又重返劳动力市场，形成第二个劳动参与率的峰值。日本和韩国是具有该模式的典型国家。其他一些国家如澳大利亚、埃及等也存在女性劳动参与率的双峰特征，只是峰谷交替没有日本、韩国明显。

女性非全日制就业（每周工作不超过 30 小时）现象比男性普遍。几乎在所有国家，女性非全日制就业的比例都高于男性，2/3 的国家的女性非全日制就业比例超过男性两倍，欧美发达国家差距尤大。女性非全日制就业比例存在巨大的地区和国别差异，欧美、拉美地区的一些国家超过 30%，但东欧和亚洲一些国家比例较低。比较而言，男性非全日制就业比例的地区差距和国别差距要小得多。可以说，过去几十年女性劳动参与率上升主要得益于非全日制就业的发展。非全时工作是女性参与经济活动增加的重要驱动力之一。据欧盟 15 国女性非全日制就业趋势调查，非全日制就业者中女性所占比重基本在 60% 以上，比重最高的是卢森堡，达到92%。

● 女性就业的新问题

女性就业状况是衡量人类社会文明进步的标志。过去 30 多年来，女性就业呈现出很多积极变化，但就业领域的性别不平等依然存在，女性在劳动力市场的弱势地位并没有发生根本改变，同时女性就业还出现了一些新问题。

从全球来看，女性失业率一直高于男性。1999 年和 2009 年全球女性失业率分别为 6.8% 和 7%，男性则分别为 6.2% 和 6.3%。世界上绝大多数国家的女性失业率都高于男性。即使是受过中等和高等教育的女性，也比同等教育水平的男性更易失业。长期以来，人们对女性劳动价值都是低估的，一些劳动的社会价值甚至未得到承认。女性从事的家务劳动被归为非经济活动类，这些女性不被算作劳动力，而且在国民核算体系中也没有对这些劳动进行度量（缺乏经济价值指标）。

现实中，男女工资差距并非完全由两性的劳动生产率差距决定。即使是相同教育程度、具有相同技能的劳动者，女性的工资水平常常也会低于男性。据国际劳工组织对若干职业的工资调查，男性和女性的工资差距普遍存在。差距最小的是小学教师、专业护士和公司文员，这些工作雇用的大多数是女性。对技能水平要求较高的职业，工资性别差距更为明显。职业性别隔离对工资差距的形成有重要的影响。另外，女性劳动参与率并没有伴随着男性家务劳动时间的增加而提高。在世界所有地区，女性家务劳动时间都比男性长得多。

帮助女性平衡好就业与家庭责任，对促进女性就业、提高女性就业质量具有十分重要的意义。在这方面，各国政府和社会各界已采取了很多措施，取得了一些成效。然而，缓解女性面临的就业与家庭责任的冲突是复杂而艰巨的任务。

【教学目标】

通过对案例学习使学生更加深入地理解就业理论，加深学生对不同群体就业差异的认识。

【案例讨论】

我国女性劳动力就业有哪些新的变化和问题？

【理论运用】

就业理论

转型期就业促进政策

【分析思路】

进入 21 世纪以后，庞大的就业压力依然存在，我国女性就业问题仍是一个令人关注的重要问题。从整体看，女性职业技能、自身的受教育程度、身体和心理素质甚至是性别的差异，都是导致女性就业问题的重要影响因素。已就业的女性存在就业层次低、就业缺乏保障以及工作与家庭的角色冲突等问题，严重阻碍了女性的就业和发展。要改变女性就业现状，需要健全就业歧视立法体系，加强法律可操作性；将性别平等作为公共决策主流，推动女性就业；动员社会力量支持女性就业，增加女性就业资本；完善自身素质，提高就业能力。总之，女性就业问题不是单一的、孤立的，而是多元的、综合的系统工程。在这一过程中，政府不能缺位，司法不能缺席，男权不能缺德，女权不能缺力。

【习题】

（一）名词解释

结构性失业　周期性失业　摩擦性失业　就业率　失业率　失业者

（二）单项选择题

1. 反映失业率与通货膨胀率关系的曲线是（　　）。

A. 菲利普斯曲线　　　　　　B. 无差异曲线

C. 洛伦兹曲线　　　　　　　D. 拉弗曲线

2. 不属于按失业的成因划分的是（　　）。

A. 摩擦性失业　　　　　　　B. 等待性失业

C. 季节性失业　　　　　　　D. 结构性失业

3.（　　）不是失业主体必须具备的条件。

A. 参加过工作　　　　　　　B. 有劳动能力

C. 有就业意愿　　　　　　　D. 没有工作

4. 周期性失业产生的直接原因是（　　　）。

A. 生产过程的周期性

B. 劳动力再生产的周期性

C. 经济周期中萧条阶段的经济下降所造成的劳动力需求不足

D. 失业的周期波动

5. 劳动力存在 3%~4%的失业率为（　　　）。

A. 不充分就业　　　　　　　　B. 充分就业

C. 过剩就业　　　　　　　　　D. 完全失业

6. 技术进步对（　　）的就业影响较大。

A. 熟练工　　　　　　　　　　B. 非熟练工

C. 技工　　　　　　　　　　　D. 女工

7. 就业的最基本的社会经济功能是（　　　）。

A. 社会稳定功能　　　　　　　B. 增加财富功能

C. 社会发展功能　　　　　　　D. 经济发展功能

8. 在短期、局部范围内，提高（　　　）与扩大就业、减少失业存在着矛盾。

A. 经济效率　　　　　　　　　B. 生产效率

C. 公平程度　　　　　　　　　D. 就业容量

9. 经济增长与就业增长之间一般是一种（　　　）相关关系。

A. 负　　　　　B. 正　　　　　C. 零　　　　　　D. 无

10. 按照国际劳工组织的规定，（　　　）不能称之为就业者。

A. 正在工作中的人

B. 有职业，但由于某种原因而暂时脱离了工作的人

C. 雇主和自营业人员

D. 义务地给街道打扫卫生的退休人员

（三）多项选择题

1.（　　）属于自然失业。

A. 摩擦性失业　　　　　　　B. 季节性失业

C. 周期性失业　　　　　　　D. 结构性失业

E. 技术性失业

2. 按失业者的意愿可以将失业划分为（　　）。

A. 自愿失业　　　　　　　　B. 主观失业

C. 结构失业　　　　　　　　D. 非自愿失业

E. 摩擦失业

3. 各国都将降低失业率作为一个极为重要的社会政策，其原因是（　　）。

A. 失业的存在对经济效率的不良影响大

B. 失业是对失业者本人的打击

C. 失业使劳动者生活水平迅速下降

D. 失业使劳动者丧失生活来源

E. 失业能优化劳动力资源配置

4. 解决摩擦性失业的方法有（　　）。

A. 加强劳动力市场的情报工作　　B. 扩大劳动力市场信息扩散范围

C. 增加就业机会　　　　　　　　D. 加快劳动力市场信息传递速度

E. 降低劳动力流动成本

5. 影响劳动就业的因素有（　　）。

A. 人口因素　　　　　　　　B. 科技进步因素

C. 心理因素　　　　　　　　D. 经济因素

E. 劳动制度因素

（四）简答题

1. 简述结构性失业与摩擦性失业的区别（从形成原因及失业特征的角

度阐述）。

2. 简述周期性失业的原因、特征以及采取哪些措施可降低。

3. 发达国家失业测量的主要问题是什么？我国失业测量统计的主要问题是什么？

4. 简述我国隐性就业产生的主要原因。

【习题参考答案】

（一）名词解释

结构性失业：主要是由于经济结构发生了变化，现有劳动力的知识、技能、观念、区域分布等不适应这种变化，与市场需求不匹配而引发的失业。其影响面较为集中，影响时间较长。

周期性失业：也称需求不足失业。这种失业产生的基本原因是经济中总需求不足以为求职者创造足够的工作。

摩擦性失业：是指即便劳动力市场处在均衡状态，即在现行市场工资率下，劳动力供给与劳动力需求正好相等，也总会有一些人处于失业状态。它是由以下三个方面的原因产生的：一是劳动力市场的动态属性；二是信息不完善；三是求职者与拥有职位空缺的雇主之间相互寻找、洽谈需要一定的时间。其特征主要是：影响面大；周期较短；不可避免；不仅带来经济成本，还会带来一些经济利益。

就业率 = 总就业人口/总劳动年龄人口

失业率 = 总失业人口/劳动力人口

失业者：指的是有劳动能力的、处于法定劳动年龄阶段的并有就业愿望、目前没有工作但在调查周的前 4 周内积极地寻找过工作的劳动者。

（二）单项选择题

1. A   2. B   3. A   4. C   5. B   6. B   7. B   8. A

9．B　　10．D

（三）多项选择题

1．ABD　　2．AD　　3．ABCD　　4．ABD　　5．ABCDE

（四）简答题

1．简述结构性失业与摩擦性失业的区别（从形成原因及失业特征的角度阐述）。

答：摩擦性失业是由于信息不对称引起的。特征：①影响面大。②周期较短。③不可避免。④不仅带来经济成本，还会带来一些经济利益，如流动——劳动力更合理的配置。降低摩擦性失业的措施：提供准确充足的信息，通过流动促进劳动力更合理的配置。

结构性失业是由于工作类型与寻找工作的人不匹配。特征：①结构性失业也是一种自然失业，但要比摩擦性失业持续期更长。那些搜寻时间过长的失业，很可能就是结构性的。②与摩擦性失业不同，结构性失业往往主要集中在这样一些人中间：他们仅是普通的劳动者，不具有劳动力市场上特别需要的技能；或者是他们居住在经济上缺乏吸引力从而工作机会很少的地区。可采取的公共政策：根据结构性失业的特征，职业指导工作的核心应放在培训方面，通过参加培训，使劳动者技能更新与技术发展同步；发放再次安置津贴，使失业者走出经济不景气地区；提供公共服务工作。另外，应加强劳动力市场的信息传递工作，指导求职人员及时了解劳动力市场各类人员的供求状况并做好供求状况的预测工作。

2．简述周期性失业的原因、特征以及采取哪些措施可降低。

答：周期性失业是由总需求不足造成的。特征：①影响面大。在经济萧条期，特别是在耐用品行业工作的人们，情况更糟一些。②随着经济的扩张和收缩表现得每年不一样。可采取的政策：采用扩大购买的积极财政政策和宽松的货币政策，能刺激有效需求、扩大就业（根据凯恩斯主义理论）；增加基础设施建设，能直接扩大就业。

3. 发达国家失业测量的主要问题是什么？我国失业测量统计的主要问题是什么？

答：对于就业者与失业者，国际上的定义如下。就业者：在调查周内至少有一个小时的付酬工作或在家庭企业中每周工作时间不少于 15 小时的无酬劳动者。一个人有工作但因为休假、疾病、天气或罢工而暂时离开也被认为是就业者。失业者：一个人必须满足以下三个标准：①他没有工作；②如果提供工作，他愿意并且有能力工作；③他在调查周的前 4 周内积极寻找过工作。发达国家失业测量存在的主要问题有两类。一是失业率低估了失业成本：未将丧失信心的工人、兼职人员考虑在内。二是失业率高估了失业成本：未将失业保险、遇困补助、青少年与妇女所占比重的增长考虑在内。

我国关于失业现象的统计不能客观全面地反映经济运行中实际的劳动就业状况。反映在以下几方面：第一，统计上有两个失业率。一是登记失业率：统计的失业人员指有非农户口，在一定劳动年龄内（男 50 岁以下、女 45 岁以下），有劳动能力，无业且要求就业，并在当地就业服务机构进行求职登记的人。二是城镇调查失业率：城镇常住人口中 16 岁以上，有劳动能力，在调查期间无工作，有就业可能并以某种方式寻找工作的人员。第二，我国失业人员的范围是不考虑农村的。第三，"失业"与"就业"概念的范畴交叉。登记失业者中有相当部分人员正在打工或从事其他有酬的临时工作，并不是真正的失业者，存在着所谓"隐性就业"的情况；国有、集体企业在册职工中有一部分人员并未从事劳动，如一些下岗及内退人员等，但仍被作为从业人员统计；国有、集体企业存在大量的冗余人员，他们处于隐性失业或就业不足状态；农村中的大量的隐性失业人员。

4. 简述我国隐性就业产生的主要原因。

答：①隐性就业是经济体制转轨过程中的必然现象；②经济利益的驱动是形成隐性就业的主要原因；③管理上的原因。